中华精神家园

中部之魂

三晋大地

三晋文化特色与形态

肖东发 主编　高宇飞 编著

中国出版集团

现代出版社

图书在版编目（CIP）数据

三晋大地：三晋文化特色与形态 / 高宇飞编著. —
北京：现代出版社，2014.5（2021.7重印）
ISBN 978-7-5143-2423-5

Ⅰ．①三… Ⅱ．①高… Ⅲ．①地方文化－研究－山西
省 Ⅳ．①G127.25

中国版本图书馆CIP数据核字（2014）第085416号

三晋大地：三晋文化特色与形态

主　　编：肖东发
作　　者：高宇飞
责任编辑：王敬一
出版发行：现代出版社
通信地址：北京市定安门外安华里504号
邮政编码：100011
电　　话：010-64267325 64245264（传真）
网　　址：www.1980xd.com
电子邮箱：xiandai@cnpitc.com.cn
印　　刷：三河市嵩川印刷有限公司
开　　本：710mm×1000mm　1/16
印　　张：11
版　　次：2015年4月第1版　　2021年7月第3次印刷
书　　号：ISBN 978-7-5143-2423-5
定　　价：40.00元

党的十八大报告指出：“文化是民族的血脉，是人民的精神家园。全面建成小康社会，实现中华民族伟大复兴，必须推动社会主义文化大发展大繁荣，兴起社会主义文化建设新高潮，提高国家文化软实力，发挥文化引领风尚、教育人民、服务社会、推动发展的作用。”

我国经过改革开放的历程，推进了民族振兴、国家富强、人民幸福的中国梦，推进了伟大复兴的历史进程。文化是立国之根，实现中国梦也是我国文化实现伟大复兴的过程，并最终体现为文化的发展繁荣。习近平指出，博大精深的中国优秀传统文化是我们在世界文化激荡中站稳脚跟的根基。中华文化源远流长，积淀着中华民族最深层的精神追求，代表着中华民族独特的精神标识，为中华民族生生不息、发展壮大提供了丰厚滋养。我们要认识中华文化的独特创造、价值理念、鲜明特色，增强文化自信和价值自信。

如今，我们正处在改革开放攻坚和经济发展的转型时期，面对世界各国形形色色的文化现象，面对各种眼花缭乱的现代传媒，我们要坚持文化自信，古为今用、洋为中用、推陈出新，有鉴别地加以对待，有扬弃地予以继承，传承和升华中华优秀传统文化，发展中国特色社会主义文化，增强国家文化软实力。

浩浩历史长河，熊熊文明薪火，中华文化源远流长，滚滚黄河、滔滔长江，是最直接的源头，这两大文化浪涛经过千百年冲刷洗礼和不断交流、融合以及沉淀，最终形成了求同存异、兼收并蓄的辉煌灿烂的中华文明，也是世界上唯一绵延不绝而从没中断的古老文化，并始终充满了生机与活力。

中华文化曾是东方文化摇篮，也是推动世界文明不断前行的动力之一。早在500年前，中华文化的四大发明催生了欧洲文艺复兴运动和地理大发现。中国四大发明先后传到西方，对于促进西方工业社会的形成和发展，曾起到了重要作用。

中华文化的力量，已经深深熔铸到我们的生命力、创造力和凝聚力中，是我们民族的基因。中华民族的精神，也已深深植根于绵延数千年的优秀文化传统之中，是我们的精神家园。

总之，中华文化博大精深，是中国各族人民五千年来创造、传承下来的物质文明和精神文明的总和，其内容包罗万象，浩若星汉，具有很强的文化纵深，蕴含丰富宝藏。我们要实现中华文化伟大复兴，首先要站在传统文化前沿，薪火相传，一脉相承，弘扬和发展五千年来优秀的、光明的、先进的、科学的、文明的和自豪的文化现象，融合古今中外一切文化精华，构建具有中国特色的现代民族文化，向世界和未来展示中华民族的文化力量、文化价值、文化形态与文化风采。

为此，在有关专家指导下，我们收集整理了大量古今资料和最新研究成果，特别编撰了本套大型书系。主要包括独具特色的语言文字、浩如烟海的文化典籍、名扬世界的科技工艺、异彩纷呈的文学艺术、充满智慧的中国哲学、完备而深刻的伦理道德、古风古韵的建筑遗存、深具内涵的自然名胜、悠久传承的历史文明，还有各具特色又相互交融的地域文化和民族文化等，充分显示了中华民族的厚重文化底蕴和强大民族凝聚力，具有极强的系统性、广博性和规模性。

本套书系的特点是全景展现，纵横捭阖，内容采取讲故事的方式进行叙述，语言通俗，明白晓畅，图文并茂，形象直观，古风古韵，格调高雅，具有很强的可读性、欣赏性、知识性和延伸性，能够让广大读者全面接触和感受中国文化的丰富内涵，增强中华儿女民族自尊心和文化自豪感，并能很好继承和弘扬中国文化，创造未来中国特色的先进民族文化。

2014年4月18日

文明摇篮——史前时代

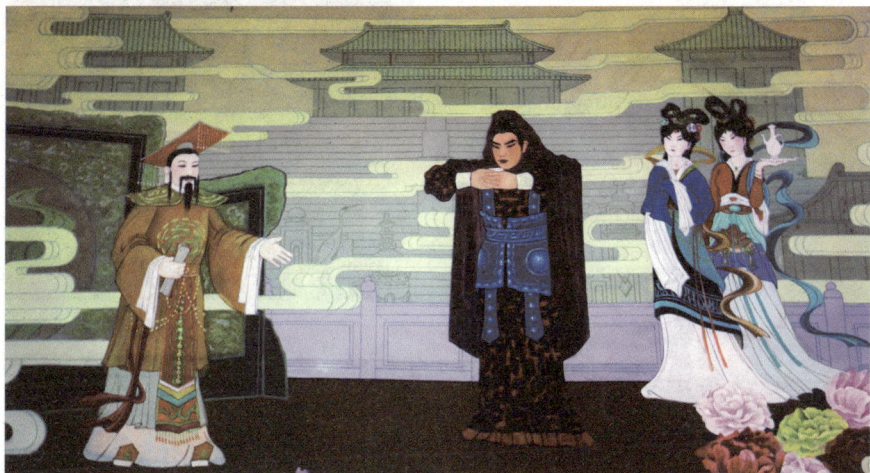

三晋底蕴——厚重历史

绝妙神韵——浓厚艺术

独领风骚——文化魅力

三晋是战国时赵、韩、魏三国的合称。赵氏、韩氏、魏氏原为晋国大夫，战国初，他们分晋各立为国，称为"三晋"。

位置在后来的山西及河南中部、北部及河北南部、中部地区。因三晋之地大部分在山西，因此后世别称山西为三晋。

三晋地区是中华文明重要发祥地之一，黄河流域文化的中心，从180万年前的西侯度文化、经匼河文化、丁村文化、许家窑文化、崎峪文化，到1.4万多年前的下丁川文化，呈现了旧石器时期原始文化发展的完整序列。史书记载，上古时期尧建都平阳，之后舜都蒲坂，禹都安邑，以及夏王朝也诞生在这里。

文明摇篮

史前时代

西侯度和匼河村文化

西侯度村位于山西西南部中条山西南麓，南距芮城风陵渡约10千米，黄河在这里拐了一个大弯，从西侯度的西侧和南侧流过。

这一地区在远古时期就成为人类优良的栖息地，约180万年前后，

西侯度动物头骨

原始人类就繁衍生息在这里。西侯度文化遗存是我国发现的最早的人类文化遗存，其位于黄河中游左岸高出河面约170米的古老阶地上。

文化遗物和动物化石集中分布在平均约一米厚的交错砂层中，砂层夹在早更新世的砂砾层之内。砂砾层上面覆盖着中更新世的红色土，再上为晚更新世的黄土层。

动物化石有巨河狸、鲤、山西轴鹿、粗面轴鹿、粗壮丽牛、山西披毛犀、三门马、古中国野牛、晋南麋鹿、步氏羚羊、李氏野猪、纳玛象等。

■ 西侯度尖状器

在动物化石中，有一个保存两段鹿角的步氏真梳鹿的头盖骨。它的左角靠近角节的主枝上，有一个横断面底部较窄的沟槽，其上具有明显的人为切割或砍斫的痕迹。右角也有刮削痕。

这表明，当时人们可能已制作骨器。化石中还有一些颜色呈黑、灰和灰绿色的鹿角、马牙和动物肋骨，说明西侯度人已经学会取火，开始食熟食了。

遗址中的石器主要以石英岩为原料，类型有石核、石片、砍斫器、刮削器和三棱大尖状器。其中最

丽牛 生活在早更新世到中更新世亚欧大陆的原始牛科动物，相对其他牛科动物，丽牛体型较为纤细，矮小，角细长而成扁柱状，雌性则没有角，在草原上群居生活。其中最大的种类可能是我国的粗壮丽牛。

西侯度先民制作石器

大的石核为一件重达8.3千克的石片状石核，最小的则是仅有33克重的漏斗状石核。

三棱尖状器是用以挖掘根茎类植物的工具，一般个体较为粗大，多用巨厚石片制成，从平坦的一面向背面加工，使背部成棱脊或高背状。

西侯度人制造、使用的石器是旧石器时代人类常用的工具，刮削器可以用来刮削木棒、割剥兽皮；砍砸器主要用于砍伐，大型的砍砸器可以砍伐树木；三棱大尖状器是用来挖掘的工具，可以用来挖掘可以食用的植物块根。

西侯度人制造石器是用直接打击法从石材上获得石片的，有采用手持石头打击另一石材的锤击法；有手持石材向一石砧碰击以产生石片的碰击法，有用石锤砸击地面上放着的石材的砸击法。

他们对于打击下来的石片，有的还进行第二步加工。加工的方法大多是向一面一个方向打击，称为单面打击法，很少采用向石片两面打击的交互打击法。

他们对石片的第二步加工，并不在石片薄的地方，而是在石片的厚部，这说明，他们已不是简单地利用石片劈裂的薄处为刃部，而是有目的地加工某一部分，以供使用。

继西侯度文化之后，匼河文化是三晋另一处旧石器时代早期文化，其地质时代约为60万至70万年的中更新世早期。

匼河文化主要分布于山西芮城县匼河村一带，而匼河村的位置大致处于风陵渡和西侯度之间，在西侯度以南，较西侯度村更靠近黄河拐角处。

匼河遗址由11个地点组成，它们分布在中条山西南麓的黄河左岸，南北伸延13.5千米。匼河一带冲沟发育，地层出露好，文化遗物埋藏在中更新世红色土及其以下的砂砾层或泥灰岩之中。

匼河文化遗址出土的石器工具，从用途来分共有五类，即砍斫器、刮削器、三棱大尖状器、小尖状器和石球，前三类，在西侯度文化中已经出现，石球在陕西蓝田文化中也已经出现，而小尖状器则是匼河人的发明，是匼河文化中比较精致的石器，可以用来割剥兽皮。

砍斫器数量较多，有"单面刃"和"两面刃"两种，加工比较粗糙，由于长期使用和反复修整，刃部片疤重叠。

匼河遗址发现的石器，也是以石片石器为主，在打割石片时，使用了锤击法、碰砧法和投击法。用锤击法打制石片，多以砾石平面作台面，也有特意打制台面或利用石片疤作台面

蓝田文化 旧石器时代初期的一种人类文化，又叫蓝田猿人文化，分布于陕西渭河流域。除发现蓝田猿人化石外，同时还发现一批打制石器，主要有单面加工为主的大尖状器、三门峡厚重尖状器、大型多边砍砸器、中小型交互打击的多边砍砸器、小型单边砍砸器、刮削器以及有使用痕迹的石片和石器等。

005

文明摇篮

史前时代

■ 匼河文化石器

肿骨大角鹿 简称肿骨鹿，是脊索动物门脊椎动物亚门哺乳纲鹿科的一种。头骨粗壮，下颌有明显肿厚现象。角甚粗壮，眉枝垂直扁平，主枝圆筒状，但远端呈掌状分叉，白齿大而低冠。在北京猿人洞穴堆积中曾发现其大量化石。

的，这是匼河人的一项新创造。

用碰砧法和投击法产生的石片宽而厚，形状多不规整，一些砍斫器和三棱大尖状器就是用这类石片加工成的。石核有用锤击法产生的和碰砧法产生的两种。石核上常常保留大部分砾石面，石片疤一般宽大于长。

对于打击下来的石片，只要有锋利的边缘，就不再进行加工而直接使用，大的用于砍斫，小的用于刮削，不能直接使用的石片，再用石锤进行加工，提高了石片的利用率。匼河人使用的石器的加工较为精细，也更适用于割剥兽皮。

与石制品一同的还有一小块烧骨，这表明匼河人也开始了用火的生活。同时，在一定程度上也表明，匼河文化是从西侯度文化和蓝田文化发展起来，其中存在着不可分割的渊源关系。

匼河文化遗址动物化石多为中更新世的典型种属，不但有肿骨大角鹿、扁角鹿、德氏水牛、三门马等华北中更新世的典型种属，还有第三纪残留下来的三趾马

■ 匼河先民缝制兽皮

和师氏剑齿象。

这些动物的共存，表明当时匼河一带有茂密的森林；鹿、马等食草动物的存在，说明附近还有开阔的草地；从水牛等动物判断，附近还有湖泊、沼泽和河流。

水牛和象喜欢温暖和湿润的环境，而披毛犀喜欢干燥和凉爽的环境，它们的同时存在，说明当时基本上属于温带气候。

匼河人生活在这种自然环境中，使用挖掘工具三棱大尖状器和投掷武器石球，表明其过着采集和狩猎的经济生活。

匼河文化与蓝田猿人文化和丁村文化较为接近，可以认为匼河文化上承蓝田猿人文化，并发展为旧石器中期的丁村文化。在文化发展上具有承上启下的性质。

捕猎石器

阅读链接

匼河文化并不是在匼河一带孤立地存在，在它东面的垣曲县的官沟，东岭、中背岭、柴火疙瘩、西圆疙瘩、坪道、八角凹、小赵村、申家庄、型马南窑、晁家坡、许家庙、河西坡、冯家山等处，以及陕西潼关县的张家湾、卧龙铺，河南陕县的侯家坡、三门峡的水沟、会兴沟等处，都发现有属于匼河文化的石器地点。

陕西的蓝田文化也具有这种分布范围广、文化遗址多的特点，在三晋地区，则以匼河文化为首。

它说明当时的人类在与大自然的斗争中，得到了繁衍壮大，在有的地区还形成了一定规模的原始人群落。而从石器地点的分布，再次证明了黄河流域的巨大作用。

丁村和许家窑文化

　　丁村地处晋西南汾河中、下游临汾宽谷的南端，其文化遗址集中分布于以丁村为中心，南北长达11千米的汾河东岸第三阶地上，有旧石器地点11处，动物化石地点3处。

　　这里第四纪地层出露良好，人类化石、文化遗物和伴生的动物化石埋藏在10万年至15万年晚更新世黄土的"底砾层"之中。

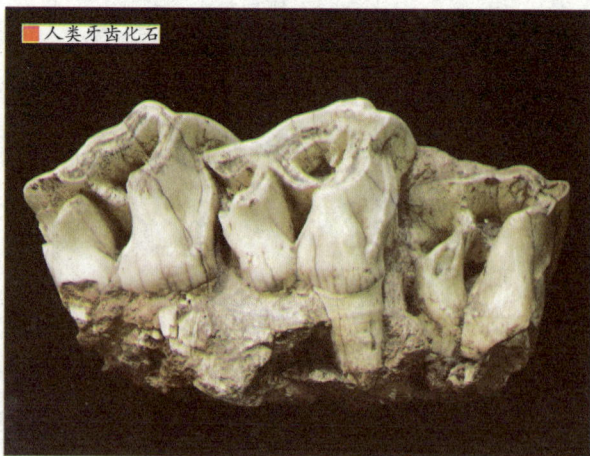
人类牙齿化石

　　丁村人类化石包括三颗牙齿，一颗为上内侧门齿，一颗为上外侧门齿，另一颗为下第二臼齿，全是右侧的。其大小、形状、颜色和石化程度相似，并且出土部位相近应属同一个体。

从磨损程度估计，为一个
十二三岁的少年。两颗门齿舌
面呈铲形，有明显的舌面隆突
和指状突，与北京人门齿有相
近性质。但无论齿冠和齿根都
远比北京人细小，舌面隆突和
指状突也不如北京人的复杂。

这两颗门齿与现代蒙古人
种没有明显差别，其中上外侧
门齿与内蒙古萨拉乌苏遗址的
河套人的十分相似。下第二臼齿的齿冠和齿根都远比
北京人的细小，齿冠的相对高度远比北京人的大，咬
合面的纹理不如北京人的复杂。

这些性质表明丁村人的臼齿比北京人的进步，但
仍比现代人臼齿原始。从 3 颗牙齿的形态可以明显看
出，**丁村人是介于北京人与现代人之间的人类**。它虽
与**晚期智人阶段的河套人接近**，但出土层位较早，所
以属于早期智人阶段。

丁村遗址有石器2000多件，有些石器被河水泡
过，致使其表面常包有一层纯净的碳酸钙外壳。石制
品的原料约95%为角页岩，余为燧石、石灰岩。

石制品中以石片和石核为多。石器分石核石器和
石片石器两类，且以后者为主。石核石器有砍砸器、似
"手斧"石器和石球三类。

砍砸器是用先进的交互打击法加工的，质量高，
效果好，分为单边砍砸器和多边砍砸器。似"手斧"

■ 丁村遗址石球

北京人 又称北
京猿人、"北京
直立人""中国猿
人北京种"，是
生活在更新世的
直立人。其化石
遗存于北京市西
南的周口店龙骨
山。一般认为北
京人生存在距今
50万年前。北京
人的颅骨较高。
平均脑量仅1043
毫升。身材粗
短，前额低平，
眉骨粗大，颧骨
高突，鼻子宽
扁，嘴巴突出，
头部微微前倾。

石器只有一件采集品。

石球用石锤打击而成，重量从200克到1500克不等。石片石器有砍斫器、厚尖状器、小尖状器和刮削器。后来又发现新的器型，有双阳面石核、双阳面石片、大尖状器、斧状器、宽型斧状器、锯齿刃器、凹缺刃器、修背石刀、双阳面石刀和锥钻等。

石片多半用碰砧法和投击法产生，具有宽大于长、石片角大、打击点不集中、半锥体大且常常双生等特点，但也有一定数量的石片是用石锤直接打制的。在一些石片上，可以清楚地看到修理台面的痕迹，这是一种比较进步的技术。

石片砍斫器与石核砍斫器不同，绝大部分是一面打击的，并且刃部较薄。厚尖状器用大石片制成，又分成较厚的三棱大尖状器和较薄的鹤嘴形尖状器两种。

宽型斧状器和斧状器是一种大型切割工具。丁村人就利用这两样切割工具切割他们猎获的猎物。

三棱大尖状器是丁村文化中最富有特色的器物，由于是在丁村首次发现的，所以又称为"丁村尖状器"，多用厚大石片或砾石打制而成，器型硕大，尖端犀利，对称性高，具有厚实的底部和三棱形的器身。小尖状器都是用较薄的石片制成的，有的刃缘打制得相当平齐，反映了较高的工艺水平。

这里发现哺乳动物化石有28种，大部分为生活在森林和山林之中的种类。从砂砾层中还采集到鲤、青鱼、鲩、鳡、鲇等鱼类化石，皆属于在能经常保持一定大流量的水中生活的种类。

在砂砾层中还有大量软体动物介壳化石，其中最引人注目的是一种大型丽蚌壳，这些情况表明，丁村人时期的丁村一带气候相当温暖，汾河的水量很丰富，水势很大。附近的山上覆盖着茂密的森林，河旁平地上草木茂盛，各种动物成群地出没于森林、草地和河边。

丁村人生活在汾河两岸。在河滩上就地取材制作石器，在树林里采集可供食用的植物，利用石球等工具进行狩猎。

许家窑文化遗址位于晋北部桑干河流域的阳高县境内，这里是距今约10万年前的原始人居住地，年代为中更新世或晚更新世初期。

许家窑遗址人体化石近20件，其中有头顶骨、枕骨、颌骨、臼齿等，它们代表着男女老幼10多个个体。从这些人骨化石来看，许家窑人与北京人有相似之处，应当是北京人后裔，而体质又有新的进步。

许家窑人的头骨骨壁较厚，顶骨内面较复杂，颅顶较高，头骨最

原始生活场景

■普氏野马化石

三晋大地

三晋文化特色与形态

普氏野马 野马的亚种之一。头部长大，颈粗，耳比驴短，蹄宽圆。外形似家马，但额部无长毛，颈鬃短而直立。夏毛浅棕色，腹部乳黄色；冬毛略长而粗，色变浅。栖息于山地草原和荒漠。性机警，善奔跑。一般结成小马群，游移生活。原分布于我国新疆准格尔盆地北塔山及甘肃、内蒙古交界的马鬃山一带。

宽大的部分比较靠上，吻部不太突出，下颌枝低而宽，牙齿粗大，齿冠结构比较复杂，其纹饰和北京猿人的牙齿相近。

许家窑人文化以石制品和骨角器为代表，石制品类有几万件，其中以刮削器数量最多，而且有直刃、凹刃，凸刃、复刃、龟背状、短身圆头等不同的类型，是根据不同用途进行加工的。

尖状器发现的数量也很多，有齿形、椭圆形、鼻形、喙形等类型，它们的形体都很细小，其中最小的仅重一克，最大的也只有13克。另外，还发现了屋脊形和斜边形的雕刻器。

许家窑遗址发现的刮削器、尖状器、雕刻器，类型复杂，种类繁多，是西侯度、匼河、丁村的砍斫器、三棱大尖状器系统的石器所无法比拟的，其体型的细小，也与大型石器群迥异。

其技术上大有进步，如可用厚石片加工龟背状刮削器，其形状劈裂而平直，背部隆起，周围边缘为刃口，可用于剥皮、刮肉、加工兽皮等操作。还有一种短身圆头形刮削器，圆弧形刃缘多经过精细的加工。

许家窑文化中另一类有特色的石器是石球，发现的数量多达1000多个，最大的重2千克，最小的重90克。石球是北京人文化中所没有的。

当时制造石球要先拣取较好的砾石，打击成粗略的球形，再反转打击去掉棱，使它成为荒坯，然后左、右手各持一个荒坯对敲把坑疤去掉，做成滚圆的石球。许家窑人制造石球已经达到了较高的水平。

石球在使用时要用棍棒或绳兜进行投掷。用这种方法狩猎有很大威力，能猎取比较凶猛的和距猎人较远的野兽。

石球不但可以是旧石器时代具有典型意义的狩猎工具，同时，也可用来打制石器、砸击坚果和动物骨骼。石球的大量制造、使用与细小型石器的大量存在是许家窑人以狩猎业为主要生活方式的反映。

另外，伴随人类化石和石制品出土的还有大量的动物化石，动物化石主要有普氏野马、披毛犀、普氏原羚、鹅喉羚、野猪、狼、虎等20余种。动物骨骼数以吨计，但未见一具完整的个体，甚至连一个完整的头骨也没有，而全部是人们食肉以后又砸碎的抛弃物。

阅读链接

汾河是山西最大的河流，也是黄河最大的两条支流之一。它纵贯山西中部，流经太原和临汾两大盆地，流域面积占山西地区面积的四分之一。

丁村文化在汾河上、中、下游的广泛分布，不仅使旧石器时期的人类文化由晋西南扩展到晋中，而且影响到晋北。

今天汾河源头和晋北桑干河的源头都在宁武县，管涔山是它们的分水岭，而两河的源头有的支脉相距很近，有相互交通、影响的便利条件，而汾河在远古时还有另一源头，今天的滹沱河源头在当时是汾河的源头，它实际已经达到晋北地区。

因此丁村人也有可能经此源头影响到晋北桑干河流域的原始文化。

朔州峙峪和下川文化

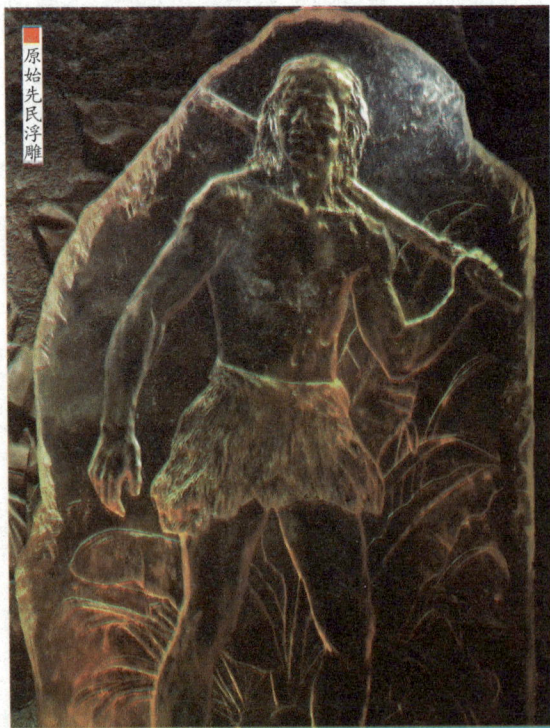
原始先民浮雕

峙峪遗址位于山西大同盆地西南角朔州县的峙峪村，桑干河上游的支流峙峪河绕峙峪村而过，西、北、南三面由群山环抱，东面是广阔的桑干河平原。

遗址就在峙峪河与小泉沟汇流处的一个孤立的岛状沙丘中。峙峪遗址南北长100米，东西宽15米。从年代看，峙峪遗址属旧石器晚期文化遗址，距今约2.8万年。

■ 先民制作石器场景

峙峪文化遗物包括石制品、骨器和装饰品。石器有尖状器、雕刻器、刮削器、石镞等。石器主要是小型的，大型石器极少，砍砸工具也十分稀少。

石器的打制方法，基本上与许家窑文化相似，峙峪人发明了间接打击法这一新的打制技术。间接打击法是利用一根带硬尖的棒状物对准石材的台面边缘，用石锤敲击棒的后端，而从石材上剥取石片。

用这种方法可以获得较小、较完整的石片，是一种相当进步的技术。扇形石核和小石叶都是用这种加工方法制作出来的。

石器中有一件斧形小石刀用半透明的水晶制成，有宽约3厘米的弧形刃口，两平肩之间有短柄状呈凸形的突出。整个器型规整而小巧，小巧美观，外形似斧，可能是作为加柄的石刀来使用的，其凸出部分用于加柄或镶嵌。

石簇是用非常薄的石片制成的，一端具有很锋利的尖，另一端从左右两侧修整，形成短短的镞梃，可

大同盆地 山西最大盆地，我国重要的能源基地。位于山西境内北部桑干河上游，呈北东—南西向展布，长约200千米，面积约5100平方千米。盆地海拔大都为1千米至1.1千米。盆地边缘为冲沟分割的黄土台地和缓坡黄土丘陵，多为结构疏松的沙质黄土。

■ 峙峪骨器

中条山 位于山西西南部，黄河、涑水河之间。山势狭长，故名中条。主峰雪花山，海拔1994米，位于山西永济东南。东北端与王屋山相接的历山，海拔2322米，为涑水河发源地。中条山屏蔽着洛阳、潼关和中原大地，拱卫着西安和大西北，瞰视着晋南和豫北，其战略地位十分重要。

以夹嵌在细木杆上组成箭，是一件具有划时代意义的石器。峙峪人使用弓箭，缩短了与野兽的距离，增强了捕猎能力，扩大了自身衣食来源。

在峙峪遗址中还发现一件石锯。石锯由刮削器发展而来，是把薄石片的一侧边缘修理成锯齿状刃口，敲击出来的刃缘比较均匀，刃口薄而锋利。这类"石锯"既可以锯截，又兼作刮削之用，可称之为"单边刃刮削器"。

峙峪骨器中的骨尖状器是经细致打击而成的，有一些打制痕迹清楚的骨片，也可作为某种工具使用。此外，还发现一件骨制尖状器和许多有刻划条痕的骨片。遗物中有一件石墨做成的穿孔装饰品，光滑的一面和边缘都经过磨制，磨擦痕迹很清楚。

与石器、骨器伴随的还有大量的动物化石，动物化石有的密集成层，大多为单个的动物牙齿，总数达5000余颗，此外，还有大量被人工击碎的兽骨片。

哺乳动物化石中最多的是野马的化石，至少代表120个个体，野驴88个个体，这两种草原动物是当时峙峪人猎取的主要对象。峙峪人以弓箭和棍棒捕获这些草原动物，从事以狩猎为主的生产活动。

继峙峪文化之后，晋先人又在下川创造了灿烂的下川文化。下川遗址是山西境内最后一个旧石器时代遗址，距今2.4万年至1.6万年。下川位于晋南沁水县中条山主峰历山的东麓的垣曲、沁水，阳城三县境内。

下川文化所发现的石器有两大类：一类是粗大石器，主要有砍斫器、石槌、尖状器、刮削器；还有研磨盘，研磨盘用粗沙岩制成，为近似圆盘状，中间有研磨形成的圆坑，这是用来研磨谷物使其去皮的一种工具。它的出现，说明当时下川人采集业已取得较大发展，开始向着原始农业过渡。另外还有一种砺石，从上面留下的凹槽来看，是当时用于磨制骨器的一种工具。

还有一类是锛状器，外形呈三角形、舌形和梯形，底面平坦，顶面较隆凸；一端宽厚，陡直单向加工，是锛状器的工作刃；另一端缩窄减薄，用于装柄。

另一类是细小石器，细石器是利用黑色燧石制造的，类型复杂，代表了旧石器时代石器的最高水平。其中石核类的有锥状石核、楔状石核、柱状石核、漏斗状石核等，这类石器是采用压制法制造的。

石片类的有细小的石叶石片和薄长石片，这类石器多数是用先进的间接打击法剥取的。石叶和细石叶完整的很少，大多数截断了一头或两头，目的是为了作刀片使用，把这些截断的小刀片连续地镶嵌在骨把或木把上，使彼此接口平齐，减少间隙，便成为一件锋利而实用的骨刀或骨匕首。

从石器种类来看，雕刻器有三种，其中斜边雕刻器和屋脊形雕刻器是用压制法加工的；尖状器有六种，其中的扁底三棱尖状器，可能是

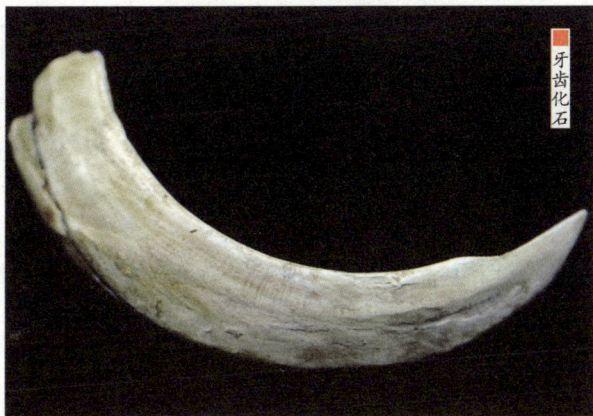
牙齿化石

下川石器

安在木柄上使用的枪头；刮削器有五种，其中一种是将尖状器和刮削器结合为一体，它的一端可作尖状器使用，另一端则为圆头刮削器；石镞有圆底石镞和尖底石镞两种。

另外还有锥钻、石锯和琢背小刀。琢背小刀的出现，反映这一时期已经出现琢制技术，其中三角形琢背小刀，是镶嵌在木柄或骨柄上的石器。这类复合工具的使用促进了原始生产力的大发展，大大增强了下川人征服自然的能力。

下川人过着以狩猎为主、采集为辅的经济生活，下川文化上承峙峪文化和小南海文化，下开新石器时代早期高度发达的细石器工艺的先河。

阅读链接

山西境内与下川文化同时或关系密切的文化遗存还有几个分布区：

汾河流域：已发现地点有古交石千峰，榆次大发和襄汾丁村。细石器文化内涵同下川一致。

黄河流域：分布于吕梁山西麓和黄河东岸。已知遗址为蒲县薛关、吉县柿子滩和山西西北部若干采集点。这个区域代表性的器物有楔状石核、船底形石核、长型双尖尖状器、卵圆形弧刃刮削器。

桑干河流域：阳高神泉堡遗址群含丰富的细石器文化，文化内涵与年代与其下游不远的虎头梁文化一致。

上述细石器遗存除丁村与下川遗址外，其余时代为旧石器时代晚期之末，或者已进入新石器的时代范围。

鹅毛口、仰韶和龙山文化

距今1万年左右，人类进入了新石器时代。山西地区的新石器时代分为早期、中期和晚期三个阶段：仰韶文化以前为新石器时代早期文化，仰韶文化为新石器时代中期文化，新石器时代晚期文化是庙底沟二期文化和龙山文化。

新石器时代早期遗址很少，仅有10余处，绝大部分分布在临汾盆地。鹅毛口遗址是重要的一处新石器早期遗址，位于怀仁县西北鹅毛口村。

文化遗物有大量的石片、石核、石器，其中石片数量最多。鹅毛口人打制石片的技术还很落后，

鹅毛口石器

■原始刮削器

主要用砸击、摔击、锤击等方法。

一般打制厚大的石片用砸击法，将石片从巨大的岩块或岩体上用大石块砸击下来。那些较小的短石片，则是用扁形石核之类在石砧上摔击出来的，而较小的长而薄的石片，是用石锤从石核上的平面或有棱脊的台面上打击下来的。

遗址里的许多大型石器，如砍砸器、手斧、厚尖状器等多数是用歪尾石片进行加工的。歪尾石片的尾端均有向一侧歪斜的长尾，歪斜的方向有左有右。

石核一般指生产石片的石块，包括块状石核、石片石核两种。石核绝大多数疤痕短而深，仅有个别有长而浅的石片疤。由于在石核上从不同方面反复打制石片，所以石核具有多面多角的特点。

鹅毛口石器的种类很多，石器以打制为主，间有磨制的，可分为两大类：一是石锄、石镰等农具，另一类是狩猎和畜牧方面所需要的用具。

石器包括砍砸器、尖状器、刮削器、手斧、龟背状斧形器、石斧、石锄、石锤、石镰、弯尖状器、厚尖状器等。其中用于农耕的石锄数量最多，绝大多数呈长方形。一般较大的石锄长约20厘米，宽约9厘米，厚约4厘米，重约800克。

鹅毛口人在长期的采集和狩猎生活中积累了丰富的经验，终于学会了种植，创造了刀耕火种的原始农业。刀耕火种有两个发展阶段，即刀耕阶段和锄耕阶段。鹅毛口人过着以农业为主，兼营狩猎、驯养业的经济生活。

鹅毛口遗址仅是一处大型石器制造场，周围有相对固定的人类居住，他们会经常来此地加工制作生活所需要的各种各样的石器。

仰韶文化是新石器文化的中期阶段。仰韶文化早期文化遗址有20余处，分布山西各地。中期文化遗址有芮城县西王村遗址、翼城县北橄遗址、晋中地区遗址、大同马家小村遗址等。

西王村文化遗物中最引人注目的是彩色陶器，最常用的色彩有黑、白、红三色，彩色图案多为弧线和圆点等几何形线条组成的花卉或禽鸟，造型生动。曲腹碗、盆和双唇小口尖底瓶是代表性生活用具。此外，遗物中还有大量的生产工具和动物骨骼化石。

北橄遗址位于翼城县城东10千米处，文化遗物包括石、骨、陶质的生产工具，主要器型有小口尖底

■ 石器工具

鼎 我国古代烹煮用的器物，一般是三足两耳，相当于现在的锅，用以炖煮和盛放鱼肉。后来，鼎成为国家和权力的象征，被视为立国重器。鼎还是旌功记绩的礼器。周代的国君或王公大臣在重大庆典或接受赏赐时都要铸鼎，以旌表功绩，记载盛况。

瓶、钵、罐、釜、瓮、鼎、盆等。

晋中地区遗址的陶器的基本组合为重唇口尖底瓶、大口素面瓮，以及盆、钵、罐、缸等，彩陶十分发达，以黑彩的圆点、钩叶、弧边三角形构成植物花叶图案。

马家小村房屋遗址都是半地穴式的。器物最多的是陶器。陶器种类有常见的尖底瓶、盆、罐，也有比较特殊的四系罐、四系瓮。

在仰韶文化中期，庙底沟文化的遗存遍布整个山西，遗址分布相当密集，规模大，文化内涵丰富。庙底沟文化又可以细分为早、中、晚三期。

早期以翼城北橄遗址为代表，由枣园遗址的文化内涵发展而来，并且受到河南安阳后冈一期文化和西安半坡文化的渗透与影响。

中期是庙底沟文化鼎盛时期，在晋中、吕梁和雁北形成了庙底沟文化的地方类型。

到了晚期，庙底沟文化开始逐渐衰落，其标志是彩陶减少且构图单调，尖底瓶口开始退化，陶器中的篮纹大量增加。

仰韶文化晚期，代表器物彩陶和小口尖底瓶数量锐减，灰色泥质陶和夹砂陶等日用陶器明显增多。陶器纹饰以附加堆纹和绳纹最多。

庙底沟二期文化距今大约4900年至4400年，共延续了500年左右，是中原地区从仰韶时期向龙山时期过渡阶段的遗存。

山西的庙底沟二期文化遗址主要分布在晋南的临汾、运城盆地、晋中及吕梁山区。庙底沟二期文化的经济生活以农业为主。

石器多采用磨制，规整而锋利。砍伐工具中的石斧多呈长方形，器体厚重。有些石锛的一面略显隆起，是为便于捆缠木柄而改进了制作方法。

此外，还出现了新的农业收割工具——磨制长方形穿孔石刀和半月形石刀。家畜饲养的规模在不断扩大，饲养的家畜有鸡、猪、狗、牛、羊，其中猪的数量最多。

大约公元前3000年，中原地区进入新石器时代晚期，这一时期的代表文化为"龙山文化"。

山西龙山文化遗址有芮城县西王村，平陆县盘南村，垣曲县东关镇、丰村和龙王崖，夏县东下冯，襄汾县陶寺，石楼县岔沟等。

绳纹 古代陶器的装饰纹样之一，属于一种比较原始的纹饰，有粗绳纹和细绳纹两种。是在陶拍上缠上草、藤之类绳子，在坯体上拍印而成的，有纵、横、斜并有分段、错乱、交叉、平行等多种形式。从早期的磁山文化开始，几乎流行于整个新石器时代。

■ 石刀

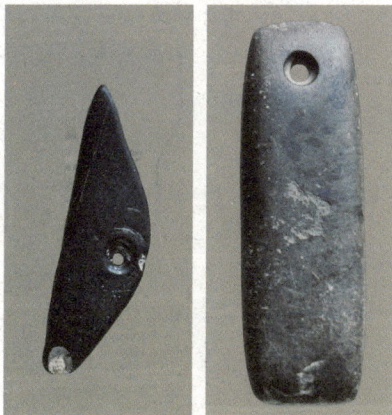

陶器外表多装饰以篮纹，制陶业开始使用轮制技术。石器几乎都是磨制的，广泛应用切割法和管钻法等技术，石器种类和形态多样化，多数是作为农具使用。

石铲作为翻地用，形状多近长方形或双肩形，均较轻薄，刃部宽度一般不超过10厘米，很锋利，器身通体磨光。石刀是收割工具，形状多为长方形，多数穿一孔或两孔。砍伐工具石斧更加厚重。此外，还有手工工具石器，主要是斧、锛、凿和纺轮等。

这时期家畜饲养品种增多，有猪、狗、牛、羊、鸡等，渔猎活动占一定比重。住宅建筑在继承半地穴房屋的同时又有创造和改进，有平面呈"吕"字形的双间房基，双室间有过道相连，还有平面呈"凸"字形的窑洞，室内居住面都抹有一层白灰，多数还有白灰面墙裙。

阅读链接

山西新石器早期文化遗址，可分为磁山文化和枣园遗存两种类型。

磁山文化代表物是山西长治武乡县石门乡牛鼻子湾村出土的一件石磨盘和一件石磨棒，遗物形制同河北武安县磁山遗址出土的石磨盘如出一辙，因此将这些遗存归属于磁山文化的范畴。牛鼻子湾村位于漳河流域，地理位置与磁山文化分布区相毗邻。

枣园遗存位于山西翼城县北橄乡枣园村，枣园村在翼城县城东北约10千米处，滑家河、浍底河分别从村子的西北、东南通过。

遗址中有不少用火烧过的兽骨、大量的陶片，以及部分石、陶质生产工具。这些文化遗存年代与磁山文化和老官台文化基本相当，距今约7500多年。

农耕文明的形成和发展

大约在1万多年前的新石器时代初期，农业才进入人类的生活领域。黄河流域特别是中游地区是我国粟作农业的发源地。

山西地处黄河中游的黄土高原地带，这里的先民以农耕著称，经过漫长的历史进程，他们创造了灿烂的农耕文明。

三晋地区最晚的旧石器遗存有沁水下川、蒲县南关、吉县柿子滩等遗存，其中下川遗址中有锛状器和磨盘、砺石。这些器具是三晋地区较早跟农业有关的器具。

三晋初始阶段的农业生产规模很小，一般是在居住地附近或其他采集地点进行的，种植方法也很原始。最初的农业生产工具主要为一些简单的石器和木器。石器为一些制作尚十分粗糙的斧、铲类工具。

三晋地区出土的纺轮

■ 原始人渔猎场景

庙底沟文化 仰韶文化中期一个文化类型，因首先发现于河南陕县庙底沟而得名，遗址分布中心在河南、陕西、山西三个地区。陶器以深腹曲壁的碗、盆为主，还有灶、釜、甑、罐、瓮、钵及小口尖底瓶等。彩陶数量较多，颜色黑多红少，纹饰主要有花瓣纹、钩叶纹、涡纹、三角涡纹、条纹、网纹和圆点纹等。

木器多为尖木棒。

经过长期的实践经验积累，在居住地不断扩展的基础上，三晋地区农业生产规模也不断扩大。生产方式和生产工具较以前均有了很大的改善。

生产工具的种类和数量大为增加。种类有斧、铲、锛、刀、凿、镞、纺轮等，质地有石、陶、骨、角，其中石质工具最多。生产方式，除了最初阶段的刀耕火种的方式，还出现了较为进步的耜耕农业。

耜耕农业的特征：一是普遍运用耒耜进行人工翻地，改变土壤结构；二是实行定期休耕和人工施肥，以增加地力，延续土地使用年限，即熟荒耕作制。

仰韶时期是三晋地区文化快步发展的时期。这个时期，从农业、家畜饲养业到手工业制作和家庭副业，从房屋建筑到狩猎采集，从物质生产到精神生活，都取得了前所未有的辉煌成就。

这时期，三晋地区处于庙底沟文化范围内，从南到北，到处都有庙底沟文化的遗址发现。这种强大的农业文化为华夏文明的诞生奠定了坚实的基础。

仰韶时代中期，生产工具数量繁多，类别丰富，工具的质地有木、石、骨、陶和角等，农业生产方面的播、种、耕、收、磨等工具应有尽有，特别是用于农业收割的陶刀和石刀数量很多，表明了农业发达的程度。

翻土工具石铲、石耜也有很多，说明耜耕农业耕种方式已经出现，在某种程度上脱离了刀耕火种的原始生产方式。

耜耕农业方式的出现，不仅提高了单位面积产量，延长了土地使用年限，而且对开荒也有重要影响，原始农业逐步进入熟荒耕作阶段。

在石铲、石耜等农业工具的基础上，三晋先人又发明了耕作工具——石犁。石犁的出现表明人类社会开始了犁耕作业。

犁耕的出现，变原来的用耒耜上下间歇运动的耕作方式为水平连续运动的耕作方式，极大地提高了垦耕工作效率，减少了劳动的强度。

另外，仰韶文化时期，山西的先民对金属

原始先民种植塑像

狩猎场景

有了一定的认识，并初步掌握了冶铜术，为今后冶铜技术的成熟和金属工具的出现打下基础。

农作物方面，这个时期，山西先民种植的农作物种类有很多，谷子、高粱、豆类等农作物均已开始种植，另外，这个时期已经开始了蚕的养殖，蚕桑业开始发展起来。

山西地区民间流传着炎帝制耒耜教民于晋东南的传说。说上古时候，在炎帝之前，人们主要是靠狩猎和采集生活。到了炎帝时代，随着人口的增加，可供采集的植物的果实和可供捕获的禽兽，已经不能满足人们的果腹需求了。

一天，炎帝正在一个山坡上走着，一片嫩绿的小苗映入他的眼中。他轻轻扒开小苗周围的土，发现每棵苗的根部都有一个还没有腐烂的果实皮。炎帝沿路，又找到一些小苗，发现有一丛很奇特，就是果实

炎帝 号神农氏，又称赤帝，华夏始祖之一，我国远古时期部落首领。炎帝功绩很多，制耒耜，种五谷，立市廛，首辟市场。治麻为布，作五弦琴，削木为弓，制作陶器，为中华民族的人文初祖。他与黄帝部落结盟并逐渐形成了华夏族。

样的东西在苗尖上顶着。

炎帝想，这些小苗一定都是由那些树、草的果实变成的，而这些小苗长大以后，就又会结出果实，这样往复循环，发芽，开花，结果，人们不就解决了吃的问题了吗？现在的关键是要辨别出哪些是可以吃的，哪些是不可以吃的。

炎帝立即带上一些人，踏遍三山五岳，经过多年的辛苦，终于选出了黍、稷、麻、麦、豆这五种作物来，并教人类如何播种、如何管理。自此以后，人们才会种植和耕作农作物。

东汉时期，《神农百草》记述："神农尝百草，日遇七十二毒，得茶解之"，是说神农氏不仅发现了茶，而且总结出病毒可用茶类的草木进行解除的经验。

山西高平的羊头山，是历代皇族黍定黄钟之音的地方。明朱载育的《羊头山新记》说，"羊头山神指神农也。"又说"神农氏七十世有天下，轩辕氏兴，受炎帝参卢禅，圭参卢于潞，守其先莹。"羊头

■ 原始人耕种图

■ 嫘祖庙

山，即炎帝尝百草定五谷之地。

养蚕据说始于嫘祖。《史记·五帝本纪》记载：

> 黄帝居轩辕之丘，而娶于西陵之女，是
> 为嫘祖。嫘祖为黄帝正妃。

嫘祖是养蚕缫丝方法的创造者。北周以后被祀为
"先蚕"。《嫘祖圣地》碑文称：

> 嫘祖首创种桑养蚕之法，抽丝编绢之
> 术，谏诤黄帝，旨定农桑，法制衣裳，兴嫁
> 娶，尚礼仪，架宫室，奠国基，统一中原，
> 弼政之功，殁世不忘。是以尊为先蚕。

龙山文化时期，三晋地区农牧业生产有了较大的
发展，生产工具虽然依旧以石铲、石刀等石器工具为

《五帝本纪》
《史记》全书130
篇中的第一篇，
记载的是远古传
说中相继为帝的
五个部落首领，
黄帝、颛顼、帝
喾、尧、舜的事
迹，同时也记录
了当时部落之间
频繁的战争，部
落联盟首领实行
禅让，远古初民
战猛兽、治洪
水、开良田、种
嘉谷、观测天
文、推算历法、
谱制音乐舞蹈等
多方面的情况。

主，但种类更加丰富，且精细度有所发展。V型石刀、犁状石器等均已经被应用。

养殖业方面，家畜的种类大大增加，养殖的种类有猪、鸡、牛、狗、羊等。农作物方面，这时期，农作物的主要品种初步显现，主要是以粟、高粱等禾本科作物为主，并且具有相当的种植规模。

农业和畜牧业虽然有了一定的规模和发展，一定程度上改变了人们的生活状况，但毕竟生产力较为低下，其产品还是不能完全满足人们的生活需要，因此，还需要一些采集和渔猎活动作为补充。

采集的植物种类有数十种之多，主要采集各种植物的果实、茎、叶和根部。此外，也采集河湖里面的贝类和鱼蟹。

狩猎方面，大型凶猛的哺乳动物如虎、狼、豹、野猪等，需要依靠集体的力量才能捕获，而小型的动物，如羊、鸡等，则单个人即可捕捉。

这些动物的肉可以食用，皮毛可以用来御寒，骨骼可以加工成比较坚硬的工具，比如，骨针、骨耒等。

阅读链接

据说，耒耜是三皇五帝中的炎帝神农氏发明的。神农氏发明耒耜是得到了"野猪拱地"的启发。

一次，神农氏和大家一起围猎，来到一片林地。林地里，凶猛的野猪正在拱土，长长的嘴巴伸进泥土，一拱一拱地把土拱起。一路拱过，留下一片被翻过的松土。

野猪拱土的情形给神农氏留下了深刻印象，他反复琢磨，先将打猎用的尖木棒插在地上，再用脚踩在横木上加力，让木尖插入泥土，然后将木柄往后扳，尖木随之将土块撬起。这样连续操作，便耕翻出一片松软的土地。

这一改进，不仅深翻了土地，改善了地力，而且将种植由穴耕变为条耕，使谷物产量大大增加。这种加上横木的工具，便是"耜"，后来对耜加以改进，成为"耒耜"。

尧、舜、禹的传说故事

尧是我国古代原始社会晚期的一位部族首领，他主要生活于古代平阳，即山西临汾地区。

尧廉洁自律，生活艰苦朴素，《韩非子·五蠹》记载：

■尧帝塑像

■ 尧造围棋

尧之王天下也，冬日鹿裘，夏日葛衣，茅茨不翦，采椽不断，粝粢之食，藜藿之羹，虽监门之养不敌于此矣！

意思是说尧在担任首领的时期，其生活状况是冬天御寒披鹿皮，夏季穿件葛麻衣，住房梁檩不修饰，饮食是野菜汤和粗糙米，即使是后世看门小吏的生活也比他好上多倍！

尧对于百姓的生活是关怀备至，《说苑·君道》记载：

尧存心于天下，有一民饥则曰此我饥之也！有一人寒则曰此我寒之也！一民有罪则曰此我陷之也！

《说苑》 又名《新苑》，共20卷，按各类记述春秋战国至汉代的逸闻轶事，其中以记述各学派代表人物言行为主，不少篇章中有关于治国安民、家国兴亡的哲理格言，主要体现儒家的哲学思想、政治理想以及伦理观念。

意思是说帝尧关心着天下所有黎民百姓，只要有一人挨饿，尧就自责说：这是我让他挨饿的呀！只要有一人受冻，尧就自责说：这是我让他受冻的呀！只要有一人犯罪，尧就自责说：这是我陷害的呀！

尧的这种廉洁自律、关心百姓的崇高风格，受到老百姓的衷心爱戴，《尚书·尧典》云：

> 帝尧"钦明文思安安，允恭克让，光被四表，格于上下。克明俊德，以亲九族。九族既睦，平章百姓，百姓昭明，协和万邦，黎民于变时雍。"

意思是说帝尧像上天一样对人民宽厚仁爱，像神明一样充满智慧。老百姓就像依附太阳一样亲近帝尧而感到温暖，他的恩惠像云雨滋润万物一样遍施于全

《尚书》 又称《书》《书经》，儒家经典之一，相传由孔子编撰而成。保存了商周特别是西周初期的一些重要史料，为一部多体裁文献汇编，是我国现存最早的史书。该书分为《虞书》《夏书》《商书》《周书》几部分。

■ 尧帝禅让

体人民。帝尧作为首领虽然比一般人富有，但并不骄奢淫逸，衣着打扮仍像普通人一样，戴着土黄色的帽子，穿着深黄色的衣裳，坐着白马所拉的红色车辆。他以身作则，努力提高自己的道德修养，亲近团结各族群众。

各族群众安定团结，各级首领也明确了自己的职责。在帝尧的领导之下，各级首领忠于职守，各个部族合作共事，当时的整个社会呈现出一派和谐相处的局面。

■ 舜帝铜像

帝尧率领族人发展社会经济特别是发展农业生产。他首先率领人们克服自然灾害，开始是克服旱灾，接着是克服水灾，《孟子·滕文公上》云：

当尧之时，洪水横流，泛滥于天下。草木畅茂，禽兽繁殖，五谷不登，禽兽逼人。

农业是当时社会发展的经济基础，也是一项季节性很强的生产活动，尧在治理自然灾害的同时，为发展农业生产，又派遣专职人员观察星象，以便准确地

《孟子》记录孟子语言、政治观点和政治行动的儒家经典著作，由孟子及其弟子共同编写而成，属语录体散文集。《孟子》共有七篇传世：《梁惠王》《公孙丑》《滕文公》《离娄》；《万章》《告子》《尽心》。其学说出发点为性善论，提出"仁政""王道"，主张德治。

大禹治水画像

掌握季节变化。

　　他指派人严谨地遵照天时运行的规律，根据日月星象运行制定出准确的历法，告知族人按历法规定的季节从事农业生产。

　　他对制定历法的人说：一个周期为三百六十有六日，多余的时间可置闰月的办法来构成一个整年。他告诫各级首领各司其责，从而使以发展农业生产为主的各项工作顺利地开展起来。

　　舜生于山西永济县城的诸冯村，永济古称蒲坂，传为舜都。舜长大后，来到历山脚下独自生活，他勤劳朴实，乐于助人，因此名声极佳，他在历山耕种，历山的农夫让给他田地，他到芮城县北雷泽捕鱼，渔民们请他到家里住。

　　他到陶城学制陶器，一学就会，而且制作得非常精美。他所居住的地方，第一年就成了村庄，第二年就成了城镇，第三年变成了繁华热闹的都市，人们都非常拥戴他。

　　尧帝选拔贤才，四岳之长就向尧帝举荐了舜。于是尧帝就选他做自己的继承人。当舜50岁时，尧帝把天下大事托付给他。舜总摄大权，统领百官，做了一系列轰轰烈烈的大事业。

他向尧帝推荐了高阳氏苍舒、叔达等才子八人，谓之"八恺"，接着又举荐了高辛氏伯奋、促堪等八位能人，谓之"八元"。这16位贤人帮助他辅佐尧帝，把天下管理得很好。

尧帝时，境内洪水泛滥造成水患灾祸，百姓愁苦不堪。尧帝命令禹的父亲鲧治水，鲧受命治理洪水水患，鲧用障水法，也就是在岸边设置河堤，但水却越淹越高，终至洪水泛滥成灾。

禹总结了父亲治水失败的教训，改革治水方法，以疏导河川治水为主导，利用水向低处流的自然趋势，疏通了九河。经过了13年治理，消除了黄河洪水泛滥的灾祸。

治水期间，禹翻山越岭，蹚河过川，拿着量测仪等工具，从西向东，一路测度地形的高低，树立标杆，规划水道。

他带领治水的民工，根据标杆，逢山开山，遇洼筑堤，疏通水

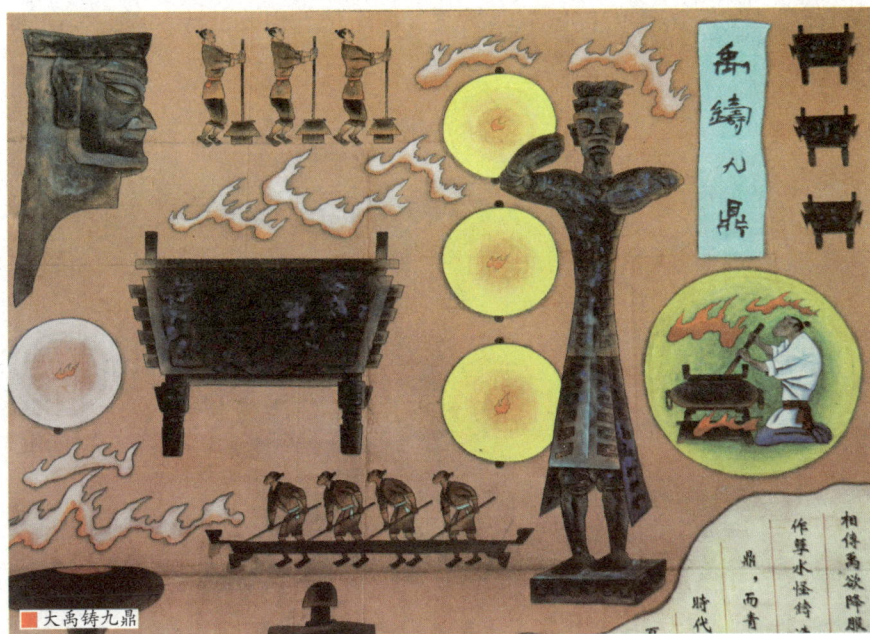

大禹铸九鼎

诸侯 古代中央政权所分封的各国国君的统称。周代分公、侯、伯、子、男五等，汉朝分王、侯二等。诸侯名义上需服从王室的政令，向王室朝贡、述职、服役，以及出兵勤王等。汉时诸侯国由皇帝派相或长吏治理。

司空 古代官名。西周开始设置，与司马、司寇、司士、司徒并称五官，掌水利、营建之事。春秋、战国时继承这个设置。汉朝本无此官，汉成帝时改御史大夫为大司空，但职掌与周代的司空不同。

道。为了治水，禹把自己的全部精力都投放进去，三过家门而不入，终于完成了使命。因治洪水有功，人们为表达对禹的感激之情，尊称他为"大禹"。

尧把帝王的位置禅让给舜，舜在蒲坂即帝位，就以蒲坂为都。那时洪水泛滥，舜帝命禹治理，禹治水有功，就拜禹为司空，总理百官。

他又请懂得稼穑的后稷管理农业，契管理教育，皋陶管理司法，垂管理手工业，益管理出泽，伯夷负责天下的典礼，夔制谱作乐，龙传达君主命令：谓之"九官"。

尧帝去世之后，舜帝办事更加谨慎，他征聘贤人辅政，立诽谤之木，设进谏之鼓，让人民提意见，以改正自己的过失。

舜在位33年时，正式把天子之位禅让给禹。在诸侯的拥戴下，禹正式即王位，以安邑为都城。安邑即山西的夏县，其遗址称"禹王城"。

阅读链接

舜酷爱音乐，他让乐师制了九招、九韶等古乐。因用箫笛演奏，故称"箫韶"。这种古乐雍容典雅，清扬婉转，演奏起来，据说凤凰也会飞来起舞的。舜弹奏古琴非常动听。

有一次，他登上熏风楼，面对浩渺的百里盐池，弹唱起自己谱写的《南风歌》："南风之薰兮，可以解吾民之愠兮。南风之时兮，可以阜吾民之财兮。"

意思是：南风多么和薰啊，可以解除老百姓的痛苦。南风多么及时啊，可以增加老百姓的财富。从中可以看出，舜是一个贤明的首领，他无时无刻不在想着百姓。

三晋地区地处黄河流域中部，地形多为山地丘陵，这样的地势形成明显的地缘优势，使得自古农牧交错，贸易发达，民族融合。

春秋战国之际，处于动荡中的三晋地区风雨飘摇，出现诸多复杂情况。面对这些复杂情况，各学派代表人都提出了解决问题的办法，尤以法家的革新取得了显著效果，影响超出三晋地区，一定程度上改变了当时社会形态格局。

赵武灵王胡服骑射促进了国家的富强和兴盛；晋商勇敢走出家园，创造了称雄百年的商业帝国，这都是三晋人顺应时代潮流，立足现实，追求进步的表现。

三晋底蕴

厚重历史

特殊地缘环境与民族融合

山川图

山西表里山河，拥有特殊的地缘环境，这是其他地区不能企及的。山西向东越过太行山与华北平原毗连，西面隔河与陕北高原相望，北以外长城与内蒙古毗连，南隔黄河与河南为邻。

境内地形高低悬殊，东部地区多为山地，中部地区为盆地，西部地区为高原地貌，平均海拔1000米左右。

山西境内大同盆地、忻定盆地、太原盆地、临汾盆地、运城盆地和上党盆地六

■ 山西粮仓

个大盆地相间，还有大大小小的盆地、山地、丘陵分散其间。黄河从西部和南部流过，形成天堑。

山西是西域和北方游牧民族进入中原地区的关隘和要冲，同时也是我国古代中原统治者抵御北方游牧民族侵扰的前沿阵地和防御屏障。

山西地势险要，四山环抱，背负大西北。顾祖禹在其《读史方舆纪要》中所说："东则太行为之屏障；西则大河为之襟带；北则阴山、大漠为之外蔽，而句注、雁门为之内险；南则首阳、砥柱、析城诸山滨河而错峙，汾、浍萦流于右，漳、沁包络于左。""是故天下之形势，必有取之于山西也。"

山西的政治地位和军事地位因其特殊的地理位置而彰显，历朝历代重视山西的程度，可想而知。

在我国历史的各个朝代，山西始终与京畿之地为邻。其东、南、西分布着历朝历代的都城，北京、安

表里山河 语出《左传·僖公二十八年》："子犯曰：'战也。战而捷，必得诸侯。若其不捷，表里山河，必无害也。'"指有山河天险作为屏障。最早用于形容晋国境内大山大河、地势险要，易守难攻。

■ 农耕图

华夏 是古代汉族的自称，即华夏族。原指我国中原地区，后包举我国全部领土而言，遂又为中国的古称。"华夏"一词由周王朝创造。最初指代周王朝。华夏文明亦称中华文明，是世界上最古老的文明之一，也是世界上持续时间最长的文明之一。

阳、开封、洛阳、西安等古都环绕，奴隶社会君主、封建社会领主的意志、治国政策等，首当其冲地影响着山西，中央集权的统治力，直接干预到山西社会政治经济的各个方面。

山西经济发达、科学先进，一直是都城的粮仓和交通要道，也是战争物资的重要储藏地。山西北部与草原游牧民族相邻，是历史上从秦汉以来主要屯兵把守的地方，也是中原文化向游牧文化传播、辐射，或者是草原游牧文化向中原农耕文化渗透的前沿阵地。

山西北部和西北部处于农牧边缘地带，对山西农业牧业生产的发展具有积极的影响。农牧边缘地带，是指以农牧分界线为轴，分别向农区和牧区有不同程度纵深的这一带状地区。

其在地域上，处在传统农牧两大区的接壤地带，在经济和文化的交流互动中承担着桥梁和纽带作用。在漫长的历史进程中，农牧经济间的交流是恒久的。

双方的生产技艺、作物品种等以边缘地带为桥梁，绵延不绝地互通有无，深刻作用于各自的经济结构，这种作用明显地反映在农牧边缘地带的经济体系之中。

农区的生产技艺，如金属冶炼之法、水利之法、育蚕织丝、先进的生产经营制度等，牧区先进的畜牧业养殖技术等，在农牧边缘地带广为流传。

山西这种特殊的地缘环境也为民族融合创造了契机和奠定了基础，山西成为天然的民族熔炉。山西地区自古以来就是华夏族和北方游牧民族混合聚居的地方。

在历史的长河中，华夏族与游牧民族虽有过征战和对抗，但更深远的却是彼此和睦共处，取长补短，相互渗透，直至以汉族为主，融为一体，共同创造了灿烂的山西文化。

山西发达的商业贸易，也进一步促进了山西的民族融合和文化交流。山西民族融合，首创民族和平共处的是春秋时的晋国。

"戎"和"狄"是西周时期对周王朝西北部游牧部落的泛称，其内部关系错综复杂，其中一部分在吕梁山区沿黄河一线乃至忻州和雁

银元

北地区，另一部分在吕梁山区到商王畿的广大过渡地带，有的还活动在晋东南、晋中和晋北太行山麓。

战国时期，三晋与戎狄各部长期生活在一个大区域内，双方在政治、经济、军事、文化以及风俗习惯等方面相互影响，相互渗透，相互融合。

晋文化和戎狄文化的融合突出表现在经济上，三晋时经济主要为农耕经济，在农业林业方面积累了丰富的经验和技术，而所谓的戎狄多居山区高原，长期从事畜牧业，对各种畜类的牧养具有丰富的经验。

晋文化和戎狄文化相融合的结果是戎狄部落学会了农耕和定居生活，而晋人则掌握了因地制宜发展畜牧业的技术。

此外，晋人的文字、青铜冶炼技术、制陶和修筑房屋，都逐渐为戎狄人所接受，而戎狄人的骑马和制作刀具的技术也被晋人所吸收。

■ 古战场

南北朝时期，鲜卑族及其后裔对山西的文化产生了很大的影响。北齐高氏经营晋阳，致使这一地区的少数民族人口不断增加，从而使这一地区成为一个多民族的居住区，这就客观上促进了多民族的融合。

隋唐时期，民族交往频繁，一些少数民族部众定居于山西地区。唐末，少数民族迁居河东道地区，出现了一个高峰。

以后历朝历代中，这种民族迁居都程度不一地存在，客观上促进了民族融合，民族综合性文化得到了加强和扩展。

鲜卑战士图

阅读链接

晋与当时称作戎狄各部的关系经历了一个复杂的过程。先期晋国采取"启以夏正，疆以戎索"的策略，这个政策为三晋地区的民族融合奠定了良好的基础。

后来，这个政策发展为"和戎"政策。提出这个"和戎"政策的是中军司马魏绛。当晋悼公要征伐晋北部戎狄部落时，中军司马魏绛反对征伐，主张和戎。

他说和戎有五利：一可利用戎狄重财货、轻土地的习俗，赏与货物获其土地；二可使边境人民在和平环境下发展农业生产；三可联合戎狄，以壮大晋国在各诸侯中的国威；四可使军队得以休整，保存晋国的实力；五可以德感化，远近相安。

晋悼公听后，采纳了魏绛的意见，使晋国与戎狄和平共处，维护了晋国和戎狄的安定。

胡服骑射促进民族融合

赵武灵王是战国时赵国的一位奋发有为的国君。他即位的时候，赵国正处在国势衰落时期，就连中山国那样的邻界小国也经常来侵扰，而在和一些大国的战争中，赵国常吃败仗，有亡国的危险。

赵武灵王雕刻

在韩、赵、魏三国中，赵国地处北边，经常与林胡、楼烦、东胡等北方游牧民族接触，因此，对他们有着更多的了解。

在春秋至战国时期，华夏传统服装是长袍宽袖，不便于骑马射箭。而用来作战的战车十分笨重，只宜在较为平坦的地方作战，在复杂的地形中运转十分不便，众多的步卒也无力对付那奔驰迅猛、机动灵活的骑兵。

在和北方这些游牧民族的接触中，赵武灵王看到他们在服饰和兵器方面有一些特别的长处：穿窄袖短袄，生活起居和狩猎作战都比较方便；作战时用骑兵、弓箭，与中原的兵车、长矛相比，具有更大的灵活机动性。

■ 胡服骑射雕塑

赵武灵王深有感触地对手下说："北方游牧民族的骑兵来如飞鸟，去如绝弦，是当今之快速反应部队，带着这样的部队驰骋疆场哪有不取胜的道理。"

为了富国强兵，赵武灵王提出"着胡服""习骑射"的主张，决心取胡人之长补中原之短。可是"胡服骑射"的命令还没有正式下达，就遭到国内许多皇亲贵族的反对。反对的人以"易古之道，逆人之心"为由，拒绝接受变法。

赵武灵王驳斥他们说："德才皆备的人做事都是根据实际情况而采取对策的，怎样有利于国家的昌盛就怎样去做。只要对富国强兵有利，何必拘泥于古人的旧法。"

林胡 又称林人、儋林，为"林中胡人"的简称，生活于森林中，有着悠久的历史与文化。战国时代，北方游牧民族统称"胡"，其中主要为"林胡"和"楼烦"。林胡活动地区为鄂尔多斯高原东部，包括伊金霍洛旗、东胜区和准格尔旗及东越黄河到晋北山地森林区。

■ 赵武灵王雕像

弓 是抛射兵器中最古老的一种弹射武器。它由富有弹性的弓臂和柔韧的弓弦构成，当把拉弦张弓过程中积聚的力量在瞬间释放时，便可将扣在弓弦上的箭或弹丸射向远处的目标。弓箭作为远射兵器，在春秋战国时期应用相当普遍，被列为兵器之首。弓是自人类出现战争到近代枪炮大量使用为止，弓的作用是任何兵器无法替代的。

赵国有一个很有影响的老臣叫赵成，是赵武灵王的叔父，他思想十分守旧，他不但反对服饰改革，而且在家装病不上朝了。

赵武灵王心里清楚，要推行改革，首先要打通叔父的阻拦。他为了说服赵成，亲自到赵成家做工作，最终使他同意进行服饰改革。

赵武灵王冲破守旧势力的阻拦，毅然发布了"胡服骑射"的政令。赵武灵王号令全国着胡服，习骑射，并带头穿着胡服去会见群臣。

赵武灵王还亲自骑马弯弓并露宿草原。胡服在赵国军队中装备齐全后，他就开始训练将士，聘请擅长骑射的胡人充当教练，让他们学着胡人的样子，骑马射箭，转战疆场，并结合围猎活动进行实战练习。此外，他还推广了养马、制革、设兽医和筹办草料等完整配套的制度。

在赵武灵王努力推动和亲自教习下，赵国的生产能力和军事能力大大提高，在与北方民族及中原诸侯的抗争中起了很大的作用。

从实施胡服骑射的第二年起，赵国的国力就逐渐强大起来。后来不但打败了经常侵扰赵国的中山国，而且向北方开辟了上千里的疆域，并设置云中、雁门、代郡行政区，管辖范围达到河套地区。

胡服骑射虽然是一场服饰方面的改革，但影响却是多方面的，赵武灵王"胡服骑射"的实施促进了各地区，尤其是中原汉族与边地各少数民族间的经济、文化交流。

汉人因为胡服劳作方便而穿上胡人的服饰，胡人因汉人的服饰飘逸而穿上汉人的服饰。胡服骑射导致了中原华夏民族与北方游牧民族的服饰融合，也缩短了赵人、胡人心理上的胡汉差异，胡人开始从感情上亲近赵人。

胡服骑射转变了赵地和少数民族的民风民俗，促进了民族向心力、国家凝聚力的形成，为以后的民族大融合和国家大统一奠定了心理基础，进而推进了民族融合。

从军事影响上看，在赵武灵王推行胡服骑射之后成为我国军队中最早的正规军装，以后逐渐演变改进

三晋底蕴

厚重历史

河套地区 指黄河"几"字弯及其周边流域。河套地区自古以来就为中华民族提供了丰富的文化资源及生活资源。河套周边地区，包括湟水流域、洮水流域、洛水流域、渭水流域、汾水流域、桑乾河流域、漳水流域、滹沱河流域，都具有比较好的自然环境条件，它们共同创造出灿烂的河套文明。

■ 匈奴骑兵图

为后来的盔甲装备。

胡服的推广，它不仅直接为赵国赢得了赫赫武功，而且对军队历史的发展演化进程产生了重大影响，开创了我国古代骑兵史上的新纪元，从此我国军事史中除车兵、步兵和舟兵外，还出现了骑兵这一崭新的兵种。

赵国新建骑兵在战争实践检验中显示出的巨大优越性，很快刺激了其他诸侯国也发展这一全新兵种，马拉战车就此在战场上被淘汰而改为运输之用。

赵武灵王实行军事变革的诸多成果，被秦国全面运用，到汉代一度发挥到极致。胡服骑射的实行，不仅使汉民族建立起能够同匈奴相抗衡的骑兵，在社会上培养起彪悍骁勇的尚武风气，汉武帝时代才能创造出世界军事史上农耕民族以骑兵击败游牧民族的奇迹。

阅读链接

胡服骑射前的华夏族服饰，既是每个人身份高低的标志，也是不同民族身份的标志。在胡服骑射以前，统治者以严格的等级服饰来显示自己的尊贵和威严。

"习胡服"首先是为便"骑射"，也便利了人们的生产劳动与其他社会活动，这就强化了服饰的实用功能，同时，因其打破了服饰的民族界限，弱化了身份界限，使君臣、官民服饰的差别大大减小，自然弱化了服饰的身份标示功能。

自此以后，"习胡服，求便利"成了我国服饰变化的总体倾向，汉族居民不断吸取少数民族的服饰文化来丰富自己的服饰文化。

赵武灵王虽并没有强制百姓改穿胡服，只在官吏、军队中强制推行，但上行下效，自古皆然，加上胡服的便利性，赵国百姓纷纷效仿。

以法治为核心的法家变革

春秋战国之际，社会发生了大动荡，面对现实，以"法治"闻名的法家学派提出了变法主张。三晋是法家学派的主要发源地，著名的法家人物大多出生或活动于三晋大地。

三晋中，最先实行变法的是魏国，公元前445年，魏文侯即位。魏文侯是一位贤明的君主，他在位期

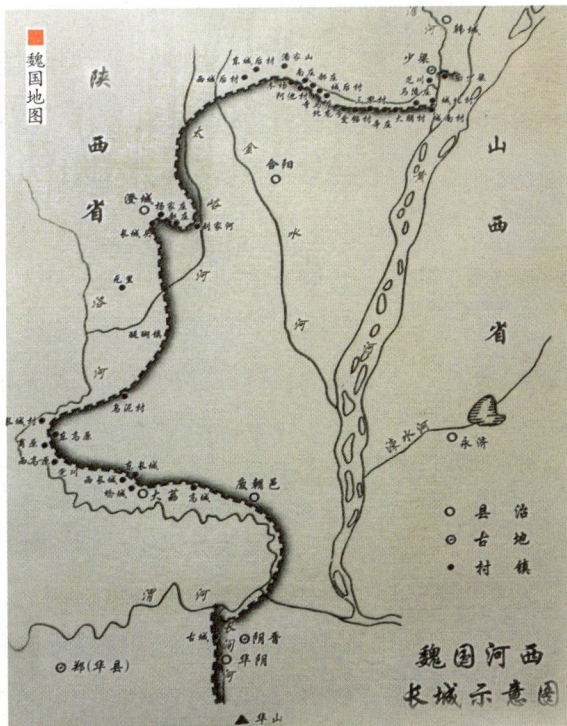

魏国地图

魏国河西
长城示意图

战国鼻钮铜印章

《秦律》秦国法律的总称。公元前356年商鞅变法时曾采用李悝的《法经》，并改法为律，在秦国颁布施行。公元前221年秦始皇将秦律修订，作为全国统一的法律颁行各地。《秦律》的律文涉及政治、经济、军事、文化、思想、生活等各个方面，使各行各业各个领域"皆有法式"。

间，尊重贤士，并任用有管理能力的人管理国家，各级官员各尽其职，使生产得到了发展。

面对政治和经济方面不如意的地方，魏文侯任用李悝为相，主持变法，发展农业生产，实行以法治国。

李悝是战国初期法家的始祖，著有《李子》32篇。在农政方面，李悝根据魏国地少人多的情况，提出"尽地力之教"，规定必须同时播种各种粮食作物，以防某一作物发生灾害造成大量减产，还教导农民努力耕作、勤于除草、抓紧抢收和在房屋周围种植瓜果树木，以达到富国富民的目的。

他还提出国家要在年成好时买进一些余粮，年成不好时平价卖出，做到"虽遇饥馑水旱，籴不贵而民不散"，从而巩固经济，富国强兵。

在政治方面，李悝汇集当时各国法律条文，编成一部《法经》。《法经》分为《盗法》《贼法》《囚法》《捕法》《杂法》《具法》。前四部分都是针对惩治盗贼的，是一部加强朝廷统治的法典。后来秦国的《秦律》和汉朝的《汉律》，都是在这部《法经》的基础上扩大补充而成的。

李悝还提出了"选贤任能，赏罚分明"的国策，主张改变旧的世卿世禄制。那些对于国家没有贡献，完全依靠父祖辈的爵禄享有特权的人，剥夺其官职和俸禄，把这些官职和俸禄授予那些对国家做出贡献的人。这项改革改善了吏治，同时也大大削弱了旧贵族的特权。

在军事方面，李悝任用吴起改革军制，精选武士，创建了一支强大的军队——"武卒"，使得"秦兵不敢东向"。

李悝的变法卓有成效，有效地打击了魏国旧制度，使魏国经济得以迅速发展，国力日益强大，成为战国初期的一个强盛的国家。变法同时开启了战国大变法运动的序幕，各国纷纷变法强国，最终汇成了一股时代潮流。

公元前355年，韩国国君韩昭侯任用申不害为相，在韩国实行变法。申不害变法的第一步是整顿吏治，加强君主集权统治。

在韩昭侯支持下，首先向挟封地自重的侠氏、公厘和段氏三大强族开刀，果断收回其特权，推毁其城堡，清理其府库财富充盈国库，这不但稳固了韩国的政治局面，而且使韩国实力大增。

武卒 战国时魏国按规定标准选拔的步兵。中选条件是：身穿三套拥身甲、能拉开12石的弓、背着能装50只箭矢的器具、把戈扛在肩上、头戴盔帽、腰挂利剑、带三天干粮半天疾行100里。入选武卒的，就免除他家徭役和宅田税。退役后依然享受上述权利。

■战国青铜器武王戈

■ 申不害雕塑

与此同时，大行"术"治，整顿官吏队伍，对官吏加强考核和监督，"见功而与赏，因能而授官"，有效提高了国家政权的行政效率，使韩国显现出一派生机勃勃的局面。"术"的提出，对于后世建立官吏的任免、考课制度，有一定意义。

随后，他又向韩昭侯建议整肃军兵，并主动请命，自任韩国上将军，将贵族私家亲兵收编为国家军队，与原有国家军队混编，进行严格的军事训练，使韩国的战斗力大为提高。

申不害为富国强兵，还十分重视土地问题。《太平御览》引他的话说："四海之内，六合之间，曰'奚贵'，土，食之本也。"因而他极力主张百姓多开荒地，多种粮食。

同时，他还重视和鼓励发展手工业，特别是兵器制造。所以战国时代，韩国冶铸业是比较发达的。

《战国策·韩策一》有"天下之宝剑韩为众""天下强弓劲弩，皆自韩出"的说法。

总体上来说，申不害的改革是很有成绩的。《史记》上说：申不害在韩国变法十几年，国家太平，兵力强盛，贵族特权受到限制，百姓生活渐趋富裕，而且还使韩国虽然处于强国的包围之中，却能相安无事，成为与齐、楚、燕、赵、魏、秦并列的战国七雄之一。

赵国虽然在变法革新方面没有魏国和韩国那样突出的人物，但也并不是没有任何成绩。赵国的法家人物慎到曾经"学黄老道德之术"，是从道家分化出来的法家，因此他的学说中也吸收到一些道家的思想。

他主张国君无为而治，认为国君努力"为善"，想做出一番成就，臣下就不敢争先为善，建立功业，而只靠君主一个人的力量，是不可能把各方面的事情做好的，因此国君应该充分发挥臣下的才能，以国君的"无为"来达到"事无不治"的目的。

同时，慎到还极力提倡法治，认为国君要运用法制来驾驭群臣，才能做到国君"无为"而"事无不治"，他甚至主张臣下"以死守法"，忠于"守职"，而反对忠于君主，

■ 韩非子雕塑

三晋底蕴

厚重历史

因为忠于国君个人，就不能"守职"和"守法"。慎到还特别强调权势的重要性，认为国君有权势才能制服臣民。

战国后期，韩国又出了一位著名的法家代表人物，他就是出身于韩国贵族的韩非子。韩非子受教于儒家思想的集大成者荀子。

他精心研究法家人物商鞅重"法"、申不害重"术"、慎到重"势"的法治理论，进而提出了法、术、势兼用的法治理论，而成为战国法家思想的集大成者。

韩非子除了提出法、术、势兼用的法治理论，还为谋求实现统一全中国的事业，制定了一系列的法家政策，其一是加强君主集权，剪除私门势力、选拔"法术之士"，其二是以法为教，以吏为师，禁止私学；其三是厉行奖赏，奖励耕战，谋求国家富强。这些法治理论很多被秦始皇在治理国家时所采用。

阅读链接

吴起是卫国人，最初帮助鲁国打败齐国。后受谗免职，来到魏国，当时李悝为相，进行变法改革。李悝任用吴起为将，使"秦兵不敢东向"，立了不少功劳。后来，吴起离开魏国来到楚国，被楚王任用为令尹主持变法。

商鞅也是卫国人，又称公孙鞅、卫鞅。商鞅曾是魏相公叔痤的家臣。公叔痤病危时，推荐商鞅继承相位，但魏惠王没有采纳这个建议。

商鞅见自己在魏国不能有更大的前途，便到了秦国。商鞅在秦国主持进行了两次变法，改革比较彻底，使秦国富强，一跃而为七国中第一强国，奠定了秦始皇统一六国的基础。而商鞅帮助秦孝公实行变法，靠的就是从魏国带去的李悝所著的《法经》。

求真务实的晋商文化

晋商的历史可远溯到春秋战国时期，先秦时期，晋南地区就已经"日中为市，致天下之民，赞天下之货，交易而退，各得其所"。明清时期晋商的规模及影响力达到鼎盛。

晋商经营的范围十分广泛，山西离北京很近，进关出关都很方便，茶、盐、粮有着得天独厚的交易便利，因此，这些物品成为晋商贸易的主要对象。

古代算盘契约文书

绸缎 泛指丝织物。绸指一种薄而软的丝织品。缎指一种质地厚密而有光泽的丝织物。绸缎的颜色光滑亮丽，五彩缤纷。丝绸产品具有较深的文化内涵和历史价值。早在新石器时期中期，我国便开始了养蚕、取丝、织绸了。到了商代，丝绸生产已经初具规模，具有较高的工艺水平了。

晋商的足迹遍布大江南北，亚洲地区和欧洲地区也留下了他们的足迹。

晋商首创了我国历史上的票号。"票号"是当时商人通商的一种方式。票号即票庄、汇兑庄，是一种专门经营汇兑业务的金融机构，主要办理汇兑和存放款业务，是为适应贸易的发展而产生的。

以前用起镖运送现银的办法，这种方式费时误事，开支大，不安全。自清嘉庆、道光年间，民间有了信局，通行各地区，官吏及商人迫切要求以汇兑取代运现，票号由此应运而生。

山西第一家票号是晋商雷履泰创立的。雷履泰于道光初年，把日升昌颜料铺改成票号，总号在平遥城西大街路南，分号在北京崇文门外草厂十条南口。

几年后出现蔚字五联号等，为平遥帮票号。1827年，祁县合盛元茶庄改成票号，继有大德通等，为祁县帮票号。同年，太谷志成信绸缎杂货庄改成票号，又有协成乾等，为太谷帮票号。

■ 晋商"日升昌"票号账本

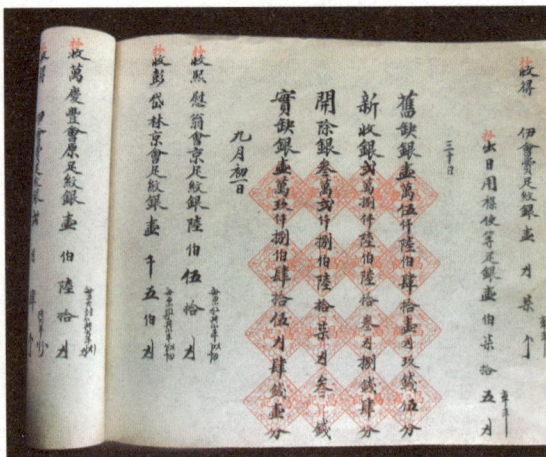

票号办理汇兑、存放款，解决了运送现银的困难，加速了资金周转，促进了商业繁荣。在票号贸易中，山西票号有着非常大的影响力，曾经一度垄断我国票号汇兑业。

晋商身上凝聚着诸

多的优点，他们通常有着强烈进取心、敬业精神，谨慎、勤奋刻苦，而且十分讲究诚信。

他们把经商作为大事业来看，他们通过经商来实现其创家立业、兴宗耀祖的抱负，而这种观念正是使其在商业上不断进取的极其巨大精神力量。

晋商的进取心还表现在强烈的开拓精神上，所谓"天行健，君子自强不息"。有许多晋商就是靠这种自强不息的精神，白手起家而成大业。

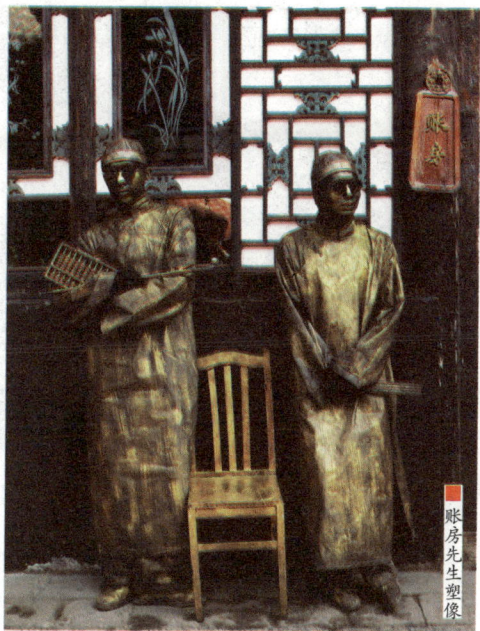

账房先生塑像

著名的大盛魁商号，其创始人之一山西太谷人王相卿，幼年家贫，为生活所迫，曾为人佣工，在清军费扬古部充伙夫，服杂役。

后来与山西祁县人一起随营贸易，在乌里雅苏台、科布多开"吉盛堂"商号，其后改名为"大盛魁"，几经磨难，终于白手起家，到清雍正时大盛魁已经是一家具有相当规模的商号了。

晋商的敬业精神，表现在他们摒弃旧俗，褒商扬贾，以经商为荣。他们通常把最优秀的子弟投入商海，让其接受磨炼。另外，晋人很多子弟弃儒经商、弃官经商。

勤奋刻苦也是晋商具有的良好品德之一。他们几年，甚至几十年勤劳置业，不怕苦，不怕累。史料记载：

塞上商贾，多宣化、大同、朔平三府人，甘劳瘁，耐风寒。

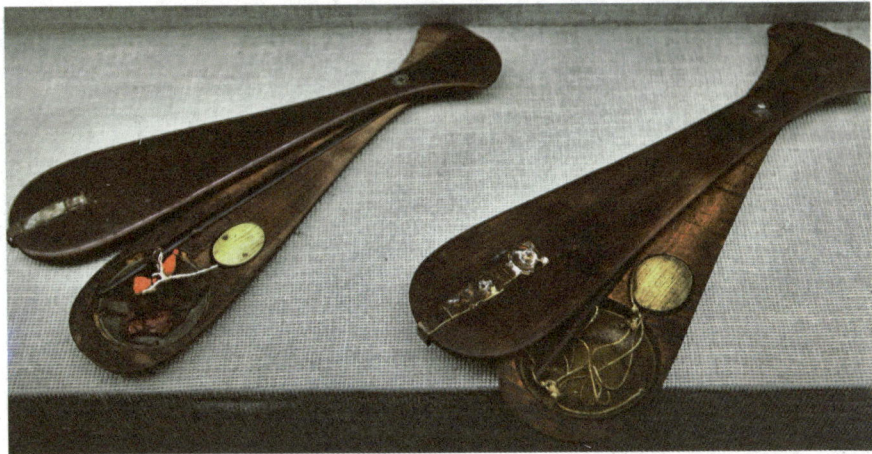
■ 晋商所用的小秤

三晋文化特色与形态

儒家 又称儒学、儒家学说，或称为儒教，是我国古代最有影响的学派之一。儒家最初指的是冠婚丧祭时的司仪，自春秋起指由孔子创立的后来逐步发展以仁为核心的思想体系。儒家的以仁为文明核心主体的思想，对我国以及东方文明有着重大影响。

太谷县商人是山西票号三大帮之一，他们经商"跋涉数千里，率以为常"。乾隆《祁县志》卷9载，祁县阎成兰"行商朔平、归化，辛苦备尝"。

晋商经商通常还很谨慎。他们对大的业务抓得很紧，但他们不轻易冒风险，不打无准备之仗，而是要在充分调查了解情况的基础上，才拍板成交，以避免不必要的损失。

放款是山西票号的一项重要业务，但又有风险，他们对放款对象一定要在详细调查对方资产、用款目的、还款能力、财东情况等的基础上，才决定是否放款。

有的票号对用款户透支数额还作了明确规定：上上等户不得超过30000两，上等户不得超过5000至10000两，中等户不得超过3000两，下等户则不与之交往。这一规定，就是出于谨慎行事的目的。

晋商就算再有钱、再惊天动地，他们也十分谦恭、简朴，讲究诚信待人，他们遵循儒家精神，用以德服人的方式去处理经商的关系、家族内外部的关系。

他们受儒家文化影响很深，将做人的道理应用于商业活动中，以诚实为本，坚持质量第一，维护自己的信誉，不弄虚作假，宁愿赔钱也不做玷污招牌的买卖。

晋商的另一重要特色是具有强烈的群体精神，他们在经营活动中很重视发挥群体力量。他们用宗法社会的乡里之谊彼此团结在一起，用会馆的维系和精神上崇奉关圣的方式，增强相互间的了解，通过讲义气、讲信用、讲帮靠，协调商号间的关系，消除人际间的不和，形成大大小小的商帮群体。

晋商的商帮群体精神在商业经营中的表现有三种形式：

其一是从朋合营利到合伙经营。这是最初群体合作形式。朋合营利就是一方出资，一方出力，有无相资，劳逸共济。而合伙经营是一个人出本，众伙而共

儒家文化 指以儒家思想为核心的文化。儒家文化的中心思想是孝、悌、忠、信、礼、义、廉、耻，其核心是"仁"。儒家文化经历代统治者的推崇，以及孔子后学的发展和传承，对我国文化的发展起了决定性的作用，我国文化的深层观念中，很多都打着儒家思想的烙印。

■晋商钱庄

商。伙计制比朋会制规模大，伙计制是在朋合制基础上发展起来的。

其二是按地区形成商帮。这一种形式是在朋合营利和伙计制基础上，以地域乡人为纽带组成的群体。山西商人在各地设立的会馆，就是这一地方商帮形成的重要标志。山西地域帮统称为晋帮。在内部又按各地区形成不同的商帮，如泽潞帮、临襄帮、太原帮、汾州帮等。清朝时票号兴起，又形成平遥、祁县、太谷三大票商帮。

其三是以联号制和股份制形成业缘群体组织。联号制是由一个大商号统管一些小商号，从而在商业经营活动中发挥了企业的群体作用。股份制是山西商人在经营活动中创立的很有特色的一种劳资组织形式，是合作出资的经营方式。股份制的实行，劳资双方均可获利，极大地调动了全体员工的积极性，在商业企业经营中充分发挥了群体作用。

晋商称雄商界500余年，创造了前所未有的繁荣，给后人留下了灿烂的商业文化和精神文化。

阅读链接

晋商雷履泰的"西玉成颜料庄"在北京、天津、四川等地都设有分庄。"西玉成"北京分庄经常为在北京的山西同乡办理北京与平遥、四川或天津之间的现金拨兑。

程序是这样的：平遥商人在北京把现金交给"西玉成"，那么"西玉成"北京分庄就写信给平遥"西玉成"总号，让汇款人在平遥领取现金。

这种异地拨兑，开始只限于在亲朋好友之间进行，并不收费。后来，要求拨兑的人越来越多，在双方同意的原则下，出一定手续费就可办理。

雷履泰发现这是一个生财之道，于是改设"日升昌"，兼营汇兑业务，果然营业很旺盛。接着，他就放弃了颜料生意，专门经营汇兑业务，这就是我国历史上第一家票号。

山西地区有着独特的地缘优势，地理位置独特，是西域和北方游牧民族进入中原地区的必经之路，在历史各个朝代始终与京畿之地为邻，其东、南、西分布着历代的都城，因此有绝好的基础成为一个文化交融碰撞之地。

由于山西处于黄河中游的中原文化区，其经济、文化长期领先于其他地区，而引起落后地区的向往、学习，这样就形成了山西地区兼收并蓄、兼容并包的文化特色。

山西很多文化都是这种兼收并包的结果，正是由于这种多元的碰撞融合，才最终形成了山西灿烂独特的文化。

浓厚艺术

云冈石窟和天龙山石窟

云冈石窟

云冈石窟位于山西大同西郊武周山（古称武州山）南麓，石窟依山开凿，东西绵延1000米。有主要洞窟45个，附属洞窟209个，窟龛252个，大小造像51000余尊，为我国规模最大的古代石窟群之一。

云冈石窟有着1500多年的历史，是佛教艺术东传入我国后，第一次由一个民族用一个朝代雕作而成皇家风范的佛教艺术宝

云冈石窟大佛窟

库。云冈石窟原名武州山石窟寺，明代改称云冈石窟。

北魏地理学家郦道元《水经注·灢水》记载：

> 武州川水又东南流，水侧有石，祇洹舍并诸窟室，比丘尼所居也。其水又东转迳灵岩南，凿石开山，因岩结构，真容巨壮，世法所稀，山堂水殿，烟寺相望，林渊锦镜，缀目新眺。

云冈石窟始凿于453年，大部分完成于494年，造像工程则一直延续到520年至525年，历经了近70年之久始成。

石窟艺术内容丰富，雕饰精美，是当时的北魏皇室集中全国技艺和人力、物力所雕琢，是由一代代、一批批的能工巧匠创造出的一座佛国圣殿，它以壮丽的典型皇家风范造像而异于其他早期石窟，展现的佛教文化艺术涉及历史、建筑、音乐等多方面内容。

云冈石窟实现了多种佛教艺术造像风格前所未有的融会贯通，形

■ 云冈石窟

莫高窟 俗称千佛洞，坐落在甘肃敦煌，以精美壁画和塑像闻名于世。莫高窟始建于十六国前秦时期，历经十六国、北朝、隋、唐、五代、西夏、元等历代的兴建，形成巨大的规模，现有洞窟735个，壁画4.5万平方米泥质彩塑2415尊，是世界上现存规模最大、内容最丰富的佛教艺术圣地。

成了"云冈模式"，敦煌莫高窟、龙门石窟中的北魏时期造像都不同程度地受到云冈石窟的影响。

整个窟群分东、中、西三部分。东部的石窟多以佛塔为主，又称塔洞；中部昙曜五窟是云冈开凿最早，气魄最大的窟群；西部窟群时代略晚，大多是北魏迁都洛阳后的作品。

石窟中最大佛像高达17米，最小佛像仅有几厘米高。最大石窟由地面到窟顶高达20米，是北魏孝文帝时期开凿的。

云冈石窟的造像气势宏伟，内容丰富多彩，是古代雕刻艺术的宝库。早期的"昙曜五窟"气势磅礴，具有浑厚、纯朴的西域情调。

中期石窟则以精雕细琢，装饰华丽著称于世，显示出复杂多变、富丽堂皇的北魏时期艺术风格。晚期窟室规模虽小，但人物形象清瘦俊美，比例适中，是

"瘦骨清像"的源起。

窟中菩萨、力士、飞天形象生动活泼，塔柱上的雕刻精致细腻，上承秦汉现实主义艺术的精华，下开隋唐浪漫主义色彩之先河。

关于昙曜五窟，《魏书·释老志》有这样的记载：

> 和平初，师贤卒。昙曜代之，更名沙门统。初，昙曜于复法之明年，自中山被命赴京，值帝出，见于路，御马前衔曜衣，时人以为马识善人，帝后奉以师礼。
>
> 昙曜白帝，於京城西武州塞，凿山石壁，开窟五所，镌建佛像各一，高者七十尺，次六十尺，雕饰奇伟，冠于一世。

■ 云冈石窟彩绘

开窟五所就是雄伟壮观的昙曜五窟，揭开了云冈石窟开凿的序幕。昙曜五窟为帝王象征。平面为马蹄形，穹隆顶，外壁满雕千佛。主要造像为三世佛，即过去、现在、未来三佛，佛像高大，面相丰圆，高鼻深目，双肩齐挺，显示出一种劲健、浑厚、质朴的造像作风。

其雕刻技艺继承并发展了汉代的优秀传统，吸收并融合了古印度犍陀罗、秣菟罗艺术的精华，创造出独特

■ 云冈石窟中印度风格的护法神

藻井 我国传统建筑中室内顶棚的独特装饰部分。一般做成向上隆起的井状，有方形、多边形或圆形凹面，周围饰以各种花藻井纹、雕刻和彩绘。多用在宫殿、寺庙中的宝座、佛坛上方最重要部位。

的艺术风格。

中期石窟是云冈石窟雕琢的鼎盛阶段。中期洞窟平面多呈方形或长方形，有的洞窟雕中心塔柱，或具前后室，壁面布局上下重层，左右分段，窟顶多有平棋藻井。

造像题材内容多样化，突出了释迦、弥勒佛的地位，流行释迦、多宝二佛并坐像，出现了护法天神、伎乐天、供养人行列以及佛本行、本生、因缘和维摩诘故事等。

佛像面相丰圆适中，特别是褒衣博带式的佛像盛行，出现了许多新的题材和造像组合，侧重于护法形象和各种装饰。

中期石窟雕刻艺术内容繁复、雕饰精美、富丽堂皇，雕刻造型追求工整华丽，从洞窟形制到雕刻内容和风格均有明显的汉化特征。

晚期石窟多是中小型洞窟，主要从东往西布满崖面。洞窟大多以单窟形式出现，不再成组。造像题材多为释迦多宝或上为弥勒，下为释迦。

佛像和菩萨面形消瘦、长颈、肩窄且下削，这种造像为北魏晚期出现的一种清新典雅"秀骨清像"的艺术形象，是北魏后期佛教造像显著特点。

石窟群中，有神态各异、栩栩如生的各种人物形象，如佛、菩萨、弟子和护法诸天等；有风格古朴，形制多样的仿木构建筑物；有主题突出，刀法娴熟的佛传浮雕；有构图繁复，优美精致的装饰纹样；还有古代乐器雕刻，如箜篌、排箫、笙簧和琵琶等，丰富多彩，琳琅满目。

除了云冈石窟外，山西著名大型石窟还有天龙山石窟。天龙山石窟位于山西太原西南40千米天龙山腰。天龙山亦名方山，海拔高1.7千米。这里风光秀丽，四周山峦起伏，遍山松柏葱郁。

天龙山石窟创建于534年至550年，最早开凿者是东魏大丞相高欢。高欢之子高洋建立北齐的晋阳为别都，继续在天龙山开凿石窟。隋代杨广继续开凿石窟，唐高祖李渊和唐太宗李世民时期，建造石窟达到了高峰。

天龙山石窟有东魏、北齐、隋、唐各代开凿的

秀骨清像 形容南朝画家陆探微的绘画风格。一般多指所绘宗教人物画所表现出来的面目清秀、棱角分明的艺术特点。语出：《历代名画记》："陆公参灵酌妙，动与神会，笔迹劲利，如刀锥焉。秀骨清像，似觉生动。"

069

绝妙神韵

浓厚艺术

■ 云冈石窟雕塑

石窟27窟。东峰8窟，西峰23窟，山北3窟，寺西南3窟，窟之间山径相通。有石窟造像1500余尊，浮雕、藻井、画像1144幅。各窟的开凿年代不一，以唐代最多。

石窟中，东魏石雕比例适度，形象写实、逼真，生活气息浓郁；唐代石雕体态生动，姿势优美，刀法洗练衣纹流畅，具有丰富的质感。

"漫山阁"中的弥勒大佛坐像高约8米，比例和谐，容貌端庄凝重；下层观音立像，高约11米，形体丰满，璎珞富丽，纱罗透体，而普贤雕像，面带微笑，怡然自得，是石雕中的精品。

天龙山石窟以其造型的娴熟、比例的适当、线条的柔和、雕刻的精细同云冈石窟一样为研究佛教、美术、雕刻、建筑各方面提供了丰富的实物资料，同为我国古代雕塑艺术的典范，在世界雕塑艺术史上占有极为重要的地位。

三晋文化特色与形态

阅读链接

云冈石窟以西约2000米处的十里河西岸的山丘上，有一组规模较小的石窟，这就是"鲁班窑石窟"。

传说当年开凿云冈石窟的能工巧匠曾居住于此，从而得名"鲁班窑"。"鲁班窑"为北魏时期开凿的。石窟坐西朝东，与云冈石窟隔河相望，对峙呼应。这里没有红墙绿瓦，没有参天树木，只有两个洞窟。石窟均为椭圆形。

由南向北，第一窟进深4米，宽为6米，高6米，穹庐顶，顶板无雕刻，周壁雕有坐佛四排，隐刻龛形。入定坐佛高50厘米，服饰偏袒右肩。北壁、西壁有佛像37尊，南壁有佛像三排24尊。

第二窟相距第一窟5米多，进深4.17米，内宽6.1米，高4米。窟内周壁雕有规整的千佛龛。有佛像66尊，服饰有通肩和偏袒右肩两种形式。

宏大的五台山佛教建筑群

佛教源于古印度，从北魏开始在我国兴盛起来。自传入后近2000年来，佛教在我国社会生活中有着重要地位，佛教建筑也就成了仅次于宫殿的另一重要建筑类型，具有重要的历史价值和艺术价值。

■ 五台山寺庙牌坊

五台山南禅寺

东汉时期，佛教传入山西，且发展很快，是历朝佛教兴盛的中心，很早就开始建造佛寺，境内佛寺分布极广，遍布全境，其中五台山寺庙群以建寺历史悠久和规模宏大闻名。

明代高僧镇澄撰《清凉山志》记载：五台山佛寺之始，以大孚灵鹫寺，即后来的显通寺为最早，初建于公元68年，为汉明帝刘庄邀请印度高僧摄摩腾、竺法兰东来传法时诏令兴建。

五台山位于山西忻州五台县境内，五台山地层完整丰富，由古老结晶岩构成，北部切割深峻，五峰耸立，峰顶平坦如台，故称五台。

东台望海峰、西台挂月峰、南台锦绣峰、北台叶斗峰、中台翠岩峰。五峰之外称台外，五峰之内称台内，台内以台怀镇为中心。五台周长约250千米，总面积2800多平方千米。

自北魏以来，历朝历代十分重视五台山佛寺建设，对五台山佛寺建造予以不同程度的支持，使五台山形成规模庞大的佛教建筑群。北齐时五台山有200余座寺庙，唐代时最多有寺庙360余座。

唐代建筑南禅寺、佛光寺，宋代建筑洪福寺，金代建筑延庆寺、岩山寺，元代建筑广济寺、三圣寺，明代建筑殊像寺、显通寺、塔院寺、圆照寺、碧山寺等，清代建筑菩萨顶、镇海寺等都是五台山代表性建筑，反映了自唐代以来各个时期佛教的建筑文化。

南禅寺坐北向南，寺院南北长60米、东西宽51米多，占地面积3000多平方米。寺内主要建设有山门、东西配殿和大殿，组成一个四全院式的建设。

大佛殿坐北朝南，面阔、进深均为三间，平面近方形，单檐歇山顶，建于月台上。檐柱柱头卷刹明显，各柱微向内倾，形成侧角，角柱升高。柱与柱之间用阑额联系，转角处阑额不出头，其上也不采用普柏枋。

殿内无金柱，梁架结构为四椽栿通檐用二柱。檐下仅设柱头铺作。屋顶举折平缓，顶上瓦条垒脊，脊端置鸱吻。

歇山顶 即歇山式屋顶，宋朝称九脊殿、曹殿或厦两头造，我国古建筑屋顶样式之一。歇山顶共有九条屋脊，即一条正脊、四条垂脊和四条戗脊，因此又称九脊顶。由于其正脊两端到屋檐处中间折断了一次，分为垂脊和戗脊，好像"歇"了一歇，故名歇山顶。

■五台山菩萨像

五台山佛光寺

鸱吻 即螭吻，又名鸱尾，是我国古建筑檐角屋脊上一些小动物装饰。螭吻一般认为是龙的第九子，喜欢东张西望，经常被安排在建筑物的屋脊上，做张口吞脊状，并用一剑固定。这个装饰现在一直沿用下来。

寺内有17尊唐代彩塑。大佛殿虽然规模不大，却表现出娴熟的技艺，真实地体现了唐代佛寺建筑的形式、设计和材料特征。

佛光寺位于五台县豆村镇佛光山腰。寺坐东朝西，因地势而建，东、南、北三面山峰环抱，总平面呈现三个平台。主体建筑东大殿建于第三层平台上，规模大于南禅寺。

东大殿面阔七间，单檐庑殿顶。殿身构架自下而上由柱网、铺作层和梁架三部分组成，这种水平分层、上下叠和的构架形式是唐代建筑的主要特征。

金柱将殿内空间分为内槽和外槽两部分，金柱所围空间为"内槽"，内槽四周金柱与檐柱之间的空间称为"外槽"。

殿身四周檐柱侧角、升起明显，柱身采用支柱造，柱头卷刹和缓。内柱柱础石素平无饰，檐柱柱础石雕有宝装莲瓣。柱间用栏额相互联系，转角处栏额不出头，无普柏枋。檐下设柱头和补间铺作。

殿内梁架分明栿和草栿两部分，前者砍伐规整，后者制作粗糙。平梁上仅用两只大叉手斜向支撑，以承平槫上荷载，这些均为汉唐时期建筑的固有形制。

洪福寺坐北朝南，建于高7米的土台之上，四周设边长为400米的高堡围墙，防御性特征显著。毗卢大殿为北宋时期的原物。

面阔五间，进深三间，单檐悬山顶。设方形柱础石，上无雕饰，檐下设柱头、转角和补间铺作。明间及两次间设六抹隔扇门，梢间设直棂窗。殿内彻上露明造，梁架结构为三椽栿前后对乳栿。

殿顶筒板瓦覆盖，琉璃脊兽保存完整。整条屋脊上还间饰牡丹花草、草叶及几何图案。线条流畅，造

庑殿顶 即庑殿式屋顶，是我国古代建筑的一种屋顶样式。由于屋顶有四面斜坡，又略微向内凹陷形成弧度，故又常称为"四阿顶"，宋朝称"庑殿"，清朝称"庑殿"或"五脊殿"。庑殿式屋顶在我国各屋顶样式中等级最高的，后来常用于各类建筑。

■ 五台山显通寺雪景

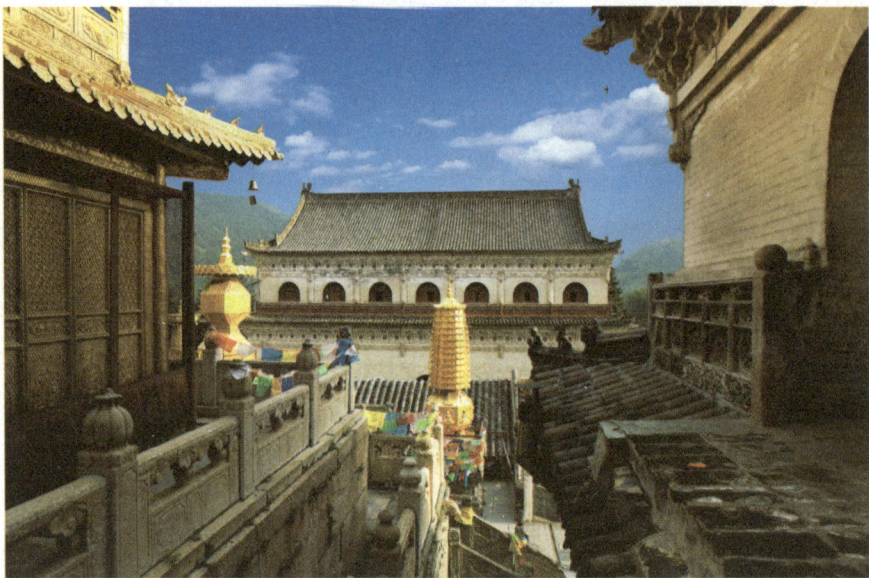

■ 五台山显通寺一角

琉璃瓦 据文献记载，琉璃一词产生于古印度语，随着佛教文化而东传，其原来的代表色实际上指蓝色。我国古代宝石中有一种琉璃属于七宝之一。现在除蓝色外，琉璃也包括红、黑、黄、绀蓝等色。施以各种颜色釉并在较高温度下烧成的上釉瓦因此被称为琉璃瓦。

型优美。

五台山中心区台怀镇集中了数十座寺庙，显通寺、菩萨顶、塔院寺、罗睺寺、殊像寺被称为"五大禅"，为核心区古建筑群的灵魂，与周边的碧山寺、圆照寺、金阁寺、南山寺、龙泉寺等几十座寺庙共同构成了极具气势的佛教建筑群，形成一片互相联系、气势恢宏的古建筑群，完整地表现了明清鼎盛时期的建筑文化景观。

显通寺位于台怀镇中心地，是五台山历史最古、规模最大的寺庙，始建于汉明帝永平年间，原名大孚灵鹫塔院寺。北魏教文帝时期扩建，因寺侧有花园，赐名花园寺。唐代武则天将其更名为大华严寺。明太祖重修，又赐额"大显通寺"。各种建筑400余座，规模浩大。

显通寺南侧是塔院寺。塔院寺原是显通寺的一部分，1302年由尼泊尔匠师阿尼哥设计，至明永乐年间独立起寺，与显通寺分开，院内修建白塔一座，取名为塔院寺。塔院寺高大俊伟，非常引人注目，被看作是五台山的标志。

菩萨顶位于显通寺北侧的鹫峰上。层层台阶直达菩萨顶上的梵宇琳宫。原为青庙，初建于北魏，到了清朝顺治年间，经过扩大重修改为黄庙，由喇嘛主持。

寺院规模宏大，占地约30000平方米，有殿堂房舍430余间，均为清代重建。参照皇宫模式营造，瓦为三彩琉璃瓦，砖为青色细磨砖，非常豪华，为五台山诸寺之首。

除寺庙建筑外，五台山还有自北魏以来的各种形制佛塔150余座；保存有自唐代以来的佛教造像14.6万余尊；保存有自唐代以来壁画多件。

早期的佛教塑像，人物面相丰满略长，鼻梁高隆，直通额际，眉

五台山壁画

长眼鼓，肩宽胸平，多静态少动态，服饰衣纹密集，薄纱透体，神态端庄，造型厚实，手法简朴。后期彩塑色彩丰富，人物造型比例适度，面部丰满，姿态自然，充满活力。

五台山的佛寺壁画是从北魏以后才出现的，融合了外来宗教的新鲜血液，形成了具有自己特色的民族宗教壁画艺术。

金代的岩山寺壁画、明代的公主寺壁画、清代南山寺壁画等突破了唐代以来表现宫廷和宗教题材的狭窄范围，更广阔地反映了社会世俗的生活。题材更加多样化，具有很高的艺术价值。

此外，五台山还有大量皇家道场的物质遗存，包括各朝皇帝撰文碑碣40余通，题匾赐额67块，御制诗词300余首。

阅读链接

关于五台山佛寺的创建，有"东汉说"和"北魏说"两种具有代表性的看法。

"东汉说"认为五台山佛寺的创建，始于东汉明帝邀请摄摩腾来华传播佛法之际，即我国有佛教之初。明代高僧镇澄在他所著的《清凉志》中说："汉明帝时，摩腾西至，以慧眼观清凉山乃文殊化宇，中有阿育王所置佛舍利塔。阿育王，此云无忧天竺铁轮王也，能驱使鬼神，将佛舍利造八万四千塔藏之，散布阎浮，五台山有一焉。奏帝建寺，额曰大孚灵鹫寺，大孚，弘信也，帝以始信佛化，故以名焉。出感通传。"由于镇澄的《清凉志》在国内外流传很广，所以，五台山创寺于东汉的说法也广为流行。

唐高宗时释慧祥编撰的《清凉传》是记述五台山佛教史迹最古老的专著，故又称《古清凉传》。《古清凉传》说："大孚图寺，寺本元魏文帝所立。"又云："清凉寺，魏孝文所立，其佛堂尊像于今在焉。"

按照这一记载，五台山佛教肇兴于北魏孝文帝时，大孚图寺和清凉寺都是北魏孝文帝时创建的。

布局巧妙的恒山悬空寺

恒山，西起雁门关，东接河北地区，连绵数百里。它的主峰——天峰岭在山西浑源县城南约5千米的地方，海拔高度2千多米。

天峰岭之西的翠屏山，与主峰遥遥相对，一条浑水从峡谷中流

山西恒山悬空寺

悬空寺栈道

三晋大地

三晋文化特色与形态

纯阳宫 又称吕祖庙，原为供奉道教中的"神仙"唐代道士吕洞宾修建的。纯阳宫不止有一处。山西有大同纯阳宫、并州纯阳宫。另外，还有金盖山纯阳宫、武当山纯阳宫、铁岭纯阳宫等。建筑风格情况各有不同。

过，地势十分险要。自古以来，这儿都是兵家必争之地。恒山悬空寺就位于这险要的翠屏山半山腰里。

恒山悬空寺是佛、道、儒三教合一的独特建筑，始建于1400多年前的北魏王朝后期，以后历代都对悬空寺做过修缮，北魏王朝将道家的道坛从平城，即大同，南移到此，古代工匠根据道家"不闻鸡鸣犬吠之声"的要求建设了悬空寺。

工匠们用粗绳子从悬崖顶上吊下来，冒着生命危险，在翠屏峰土黄色的峭壁上，搭建了这座上不摩天、下不接地的"悬空"寺。

悬空寺距地面高约60米，最高处的三教殿离地面90米。整个寺院，上载危崖，下临深谷，背岩依龛，寺门向南，以西为正。全寺为木质框架式结构，共有殿阁40间，紧贴着岩壁南北向一字排开。

悬空寺的总体布局包括寺院、禅房、佛堂、三圣殿、太乙殿、关帝庙、鼓楼、钟楼、伽蓝殿、送子观音殿、地藏王菩萨殿、千手观间殿、释迦殿、雷音殿、三官殿、纯阳宫、栈道、三教殿、五佛殿等。

悬空寺南北各有一座三檐歇山顶，危楼耸起，对峙而立，从低向高，三层叠起。六座殿阁，相互交叉，飞起栈道相连，高低相错，用木制楼梯相沟通，曲折迂回，参差有致，高下错落，虚实相交，构思布局妙不可言。

殿楼的分布都在对称中有变化，分散中有联络，曲折回环，虚实相生，小巧玲珑，空间丰富，层次多变，小中见大，布局紧凑，错落相依。

其布局既不同于平川寺院的中轴突出，左右对称，也不同于山地宫观依山势逐步升高的格局，均依崖壁凹凸，审形度势，顺其自然，凌空而构，看上去，层叠错落，变化微妙，使形体的组合和空间对比达到了井然有序的艺术效果。

寺内交通联系既曲折又巧妙：或以栈桥飞渡，或以暗道相通，或登石级盘旋而上，或临峭壁穿户而入室，几经回旋，又豁然开朗。

全寺以三圣殿与三教殿两座殿阁为高，两座殿阁都是三檐九脊歇山顶，南北对峙，中隔断崖，贴着石壁架了一条栈道相连接，在这悬空的栈道上，又依山建了一座重檐式的两层小阁。

在建寺时，工匠在峭壁上凿了许多小孔，横向打入一排排木桩做

重檐 我国古建筑的一种形制，在基本型屋顶重叠下檐而形成。其作用是扩大屋顶和屋身体重，增添屋顶的高度和层次，增强屋顶的雄伟感和庄严感，调节屋顶和屋身的比例。因此，重檐主要用于高级的庑殿、歇山和追求高耸效果的攒尖顶，形成重檐庑殿、重檐歇山和重檐攒尖三大类别。

■ 悬空寺阁楼

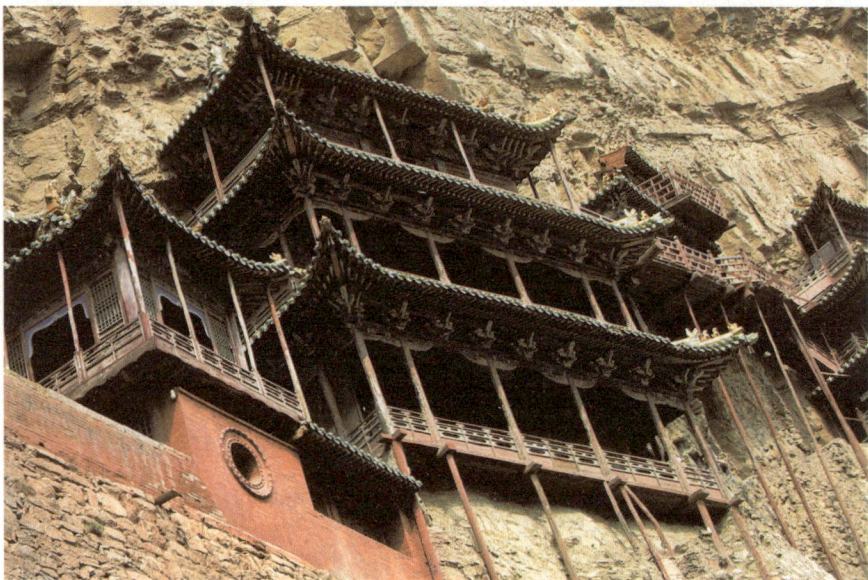

■ 悬空寺

抬梁结构 即抬梁式，也称叠梁式，是在立柱上架梁，梁上又抬梁，是我国木构架建筑的主要形式。抬梁结构使用范围广，在宫殿、庙宇、寺院等大型建筑中普遍采用，更为皇家建筑群所选。

另一半的"地基"。石孔和木桩都是方形的，不会转动，一半在石孔里，一半挑起楼阁。

这个办法，同样用于屋顶、屋腰，上下三层楼九排横木桩，使悬空楼阁上拽、中拉、下挑。殿楼左右之间、上下层之间，都尽量通过木构拉扯到一起；局部自成格局，众多的着力点又连构成一个整体，一处着力，多处分担。这样就使悬空寺的建筑结构具有极为良好的稳定性。

悬空寺的选址很有讲究，翠屏山微呈弧形，悬空寺就"躲"在这个弧凹里。如果遇到下雨，寺顶上突出的悬崖挡住了雨水，任山顶上飞瀑直泻，悬空寺的楼阁都遮在水帘的后面，风雨不侵。木材不受雨水冲刷，也就不易腐朽。另外，四周的大山也减少了阳光对寺的照射时间。

悬空寺不仅外貌惊险、奇特、壮观，建筑构造也颇具特色，形式丰富多彩，屋檐有单檐、重檐、三层檐，结构有抬梁结构、平顶结构、斗拱结构，屋顶有正脊、垂脊、戗脊、贫脊。

总体外观，巧构宏制，重重叠叠，造成一种窟中有楼，楼中有穴，半壁楼殿半壁窟，窟连殿，殿连楼的独特风格，既融合了园林建筑艺术，又不失传统建筑的格局。

悬空寺内的各种铜铸、铁铸、泥塑、石刻造像中，风格体例继承先期特点，是具有较高艺术价值的珍品。三圣殿内的释迦、韦驮、天女等塑像，形体丰满，神态感人，是悬空寺内彩塑中的佼佼者。

更为特殊的是地处悬空寺最高层的三教殿内，释迦牟尼、老子、孔子的塑像共居一室，耐人寻味。佛教、道教、儒教始祖同居一室。

寺依壁而建，没有后墙，塑像也与石壁浑然一体，有的隐居凹处，好像在山洞里；有的紧靠石壁，显得端庄大方，气度不凡。

悬空寺是历代文人墨客向往之处，古代诗人形象地写诗赞叹：

飞阁丹崖上，白云几度封。
蜃楼疑海上，鸟到没云中。

山西恒山悬空寺寺庙佛像

山西悬空寺

735年，诗仙李白游览了悬空寺后，在岩壁上写下了"壮观"两个大字，但仍然觉得不够体现自己当时的激动心情，便在"壮"上多加了一点。

在后来的1633年，徐霞客游历到此，看到悬空寺后，称之为"天下巨观"。

阅读链接

有关悬空寺的建造过程，有这样一个故事。

北魏年间，拓跋氏建都平城，一位皇帝突然想在恒山修建一座梦想中的道坛，上不着天，下不着地，成为悬空的建筑。

不久，一位住在恒山脚下的著名工匠揭下榜文，与徒弟挺一起答应建造皇帝想象中的悬空寺，距离开工的日子很近了，徒弟望着窗外空想，他看见一只蜘蛛抱着根蛛丝在屋檐下晃来晃去，没多久便织出了一张悬空的蜘蛛网。

徒弟大受启发与师傅共同设计，在恒山脚下的金龙峡内，开始建造悬空寺，最终建成了这座悬在半山腰的空中楼阁。

悬空寺建成后，名扬天下，民间流传出这样的顺口溜："悬空寺，寺悬空，神奇绝妙在天空，神仙指点蜘蛛网，金龙峡口现神宫"。

古风犹存的山西窑洞民居

　　人类的最早住所，是在树上"构木为巢"，或利用天然洞穴，其中主要是天然洞穴。挖掘土窑作为居室，是一种穴居形式，其渊源十分古老，《礼记·礼运》记载：

昔者先王未有宫室，冬则居营窟，夏则居巢。

窑洞

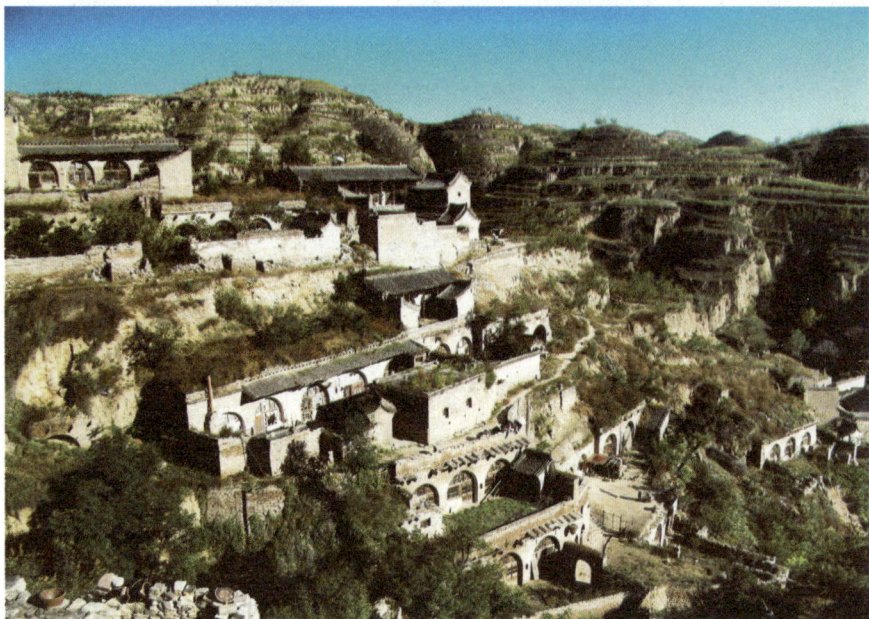

三晋大地

三晋文化特色与形态

■ 山西窑洞

《孟子·滕文公下》也记载：

当尧之时，水逆行，泛滥于中国，蛇龙
居之，民无所定，下者为巢，上者为营窟。

尧 上古五帝之
一，史称"唐
尧"。他是原始
社会末期的部落
联盟长。当他得
到帝位以后，便
在唐县伏城一带
建立了第一个都
城，后来迁都平
阳。他当政时
期，天下安宁，
世风祥和，因
此，人们将帝尧
的时代视为农耕
文化出现飞跃进
步的时代。

　　这里所说的"营窟"，就是挖成的穴居住室，它
是古人类在学会构筑地面上的土木结构的房屋之前所
住的居室。山西地区穴居住室，有数千年之久的历
史。

　　原始人类在黄土高原上挖掘的住室，最初完全是
仿照天然洞穴的。天然洞穴曾给早期的原始人类提供
躲避风寒雨雪、防御野兽侵袭的庇身所，但适宜的天
然洞穴毕竟不多，不能满足日益繁衍的原始人类的居
住需要。

故当黄土层形成后，他们便尝试着在高原的向阳坡，在沟坎断崖上向里挖洞，利用黄土的松软和黏性结构，掏成拱形的横穴居室。

《墨子·辞过篇》所说的"古之民……就陵阜而居，穴而处"，反映的就是这种情况。

山西民居中，最有特色的就是山西窑洞，是一种颇有古风的居住形式。山西地处黄土高原东部，黄河流经大半个地区，沿岸的黄土高原千沟万壑、梁峁纵横。山西先民因地就势，建造了许多别具风格的窑洞。

山西石楼岔沟有一处仰韶文化时期的遗存，平面呈方圆形，入口处小，室中央有灶。这是三晋地区窑洞的"始祖"。横穴居室最初为单个的，后来又发展出几个洞穴连在一起的。

仰韶文化时期的窑洞流行土木结构建筑，形制上

087

绝妙神韵

浓厚艺术

■ 楼宇式窑洞

■地穴

主要有圆形半地穴、圆形平面、方形半地穴、方形平面以及窑洞式几种。

建筑材料为木材、树枝、粟秸、草筋、藤条、绳索、泥土及料礓石等。建造方法是先平整地面，如是半地穴则先挖出房基，形成房基下部，接着挖出火塘和栽插支撑房顶的主柱洞及插立小柱或木板形成墙骨的穴槽。

然后树立木柱及做墙骨的小柱或木板，同时用藤条或绳索将其捆结及加梁盖顶，再在地面、墙骨和屋顶涂抹草泥，并用黏土涂抹火塘，有的房屋还涂一层米礓石浆，最后整修室外地平面。

随着原始农业的发展，人们开始更多地集中到土地平坦肥沃、水源充足的平原或盆地地区定居下来，并形成一个个原始村落。

在这里，挖掘横穴居室是不适宜的，于是采取了向下挖竖穴居室的办法，初期的竖穴居室几乎是横穴居室的侧置，即在地上挖一个一人多高的竖坑，坑中立一柱子，上面置锥形棚顶。

为了人们出入的方便，坑壁上置有横木以供登

火塘 又叫"火坑""火铺"，是在房内用土铺成的1米见方的土地。以前，火塘里立有三块石头，以备烧火煮饭之用。后来，都改用铁三脚架。主火塘里终年烟火缭绕，白天煮饭，晚上烤火取暖。在许多少数民族中，火塘是生活中非常重要的一部分，每年都要进行火塘祭祀，祈求家人安泰。

攀，或者置有斜坡门道。有一个龙山文化时期的窑洞形制是这样的：其口径2.8米，底径3.15米，深2.1米，为圆形袋状，坑底偏西南处，有一圆形柱洞，是放置支撑屋顶的立柱。东南边有斜坡门道。人在穴室中的活动全在地下，是一个地穴式居室，也可以称为土窑式房屋。

地穴形居室虽然解决了平原地区的居住问题，但阴暗潮湿，不利于人类的生活，因而随着人们构筑屋顶技术的提高，便逐步改为半地穴式了。

一座半地穴式房屋形制是：平面近于圆形，直径2.63米至3.12米，深0.6米左右，穴底中央偏南的地方挖一个柱洞，先挖一略大些的柱洞，立好柱子后，再用泥土混在一起填入柱旁空隙，并拍打结实。没有窗，门开在中腰部，顶为穹庐式，为茅草覆顶。

半地穴居室在通风、采光方面都比地穴式居室

绝妙神韵

浓厚艺术

■ 原始窑洞

■ 半地穴式房屋

好得多。半地穴房屋除了有圆形的外，也有方形或长方形的，有的在出口处有斜坡门道，居室与门道间有一低矮的门槛，在门道上方也有波形顶，可以防止雨水顺门道流入室内。

龙山文化时期，山西窑洞建筑技术最大的进步就是石灰被广泛运用于地面和墙壁，形成白灰面房屋。另外，这时期窑洞大量增多，说明人们已更多地认识到适合于本地特色的建筑形式。还有，房屋的结构和形态趋于多样化。

半地穴式房屋进一步发展，就是地上建筑了，一座龙山文化时期的地面建筑呈"凸"字形，居室为方形，南边中部为向外凸出的门道。

在其北壁中部边缘和南边门道左右两角间，大致对称地排列着四块明础石，说明这间房子的房顶是用四根立柱支撑的，显示出向后世土木结构的民居的演变痕迹。

山西地区窑洞都经历了地穴式至半地穴式至地面式的发展历程。在新石器时代，从穴居到地面建筑的各种类型在晋南地区都已出现，其中穴居住室有横穴、竖穴、半地穴以及单间、双间各种样式，有的还组成了居住群落。

从发展的进程来说，是先有横穴居室，后有地穴式、半地穴式居室，最后为地面建筑。但同一时期又往往并存着几种类型，较完善的新式建筑不能完全替代老的建筑形式。

尤其是横穴居室，具有易于挖造，节省建材，而且冬暖夏凉，防暑御寒性能良好，因此，窑洞成为山西民居中富有特色的一种类型。

山西窑洞类民居具有许多优点，是其他住宅形式无法比拟的。严冬季节，窑洞里温度在10度至12度，湿度为30％至75％，每天烧火做饭，烟火通过暖炕排出，可以提高室温。

窑洞还有施工简便、造价低廉的优点，不仅如此，还有不破坏地貌原型、不占用耕地的特点，有利于维护生态平衡。

因为窑洞是在地下，四周又有厚实的土层，因而具有防火、防风的功效。正由于有这么多优点，窑洞被当地的人们称为"冬暖夏凉"的"神仙洞"。

■山西窑洞门房

■ 砖砌窑洞

厢房 在正房前面两侧的房屋。四合院在建筑上有一套固定的规格：北面是正房，东西是厢房，东面的厢房叫东厢房，西面的厢房叫西厢房。南面是倒坐，东西南北四面都是房子，中间是天井，整体由庑子贯通。还有人说，从阳光照射的角度来区分早上光线先照到的是西厢房。

山西的窑洞类民居是由新石器时代的横穴居室、竖穴居室沿袭、演化而来，古风犹存。经过漫长的演变，窑洞类民居有了一些变化，从类型上说，有靠崖窑、地坑窑和砖石砌造的锢窑。

从构造形式说，窑洞内设有土炕，洞口有门窗，有的还用砖石砌成门脸；窑洞不仅有单间的，也有多间的，还有的在窑洞正房两侧筑有厢房，组成院落。可谓多种多样，各具特色。

靠崖窑是山区和丘陵地带常见的一种窑洞，除了利用现成的沟坎断崖外，更多的是将山坡垂直削齐，形成人造崖面，然后向内横挖洞穴，平面呈长方形，顶为拱券形，洞口安装木制门窗，一般在门上开一与门同宽的窗，门旁开一大窗，最上部再开一个通烟气的小窗孔，俗称为"一门三窗"。

有的在窑门口用土坯砌成门脸儿，刷涂石灰，富裕的人家也有用砖、石砌门脸儿的，甚至整个崖面都高高地砌上一层砖墙；窑洞内也有用砖、石护砌在黄土外表的，有的还抹上泥灰，涂以油漆彩画，成为比较讲究的窑洞。

靠崖窑往往依山势挖成一排多孔窑洞，或上下数层多排窑洞。《隰州志》记载：

有曲折而入如层楼复室者，每过一村，自远视之，短垣疏窗，高下数层，缝囊捆屦，历历可指。

靠崖式窑洞有靠山式和沿沟式两种，窑洞常呈现曲线或折线形排列，有和谐美观的建筑艺术效果。

在山坡高度允许的情况下，有时布置几层台梯式窑洞，类似楼房。

地坑窑是在地面上挖一个大坑，形成天井，然

天井 四面有房屋、三面有房屋另一面有围墙或两面有房屋另两面有围墙时中间的空地。一般为单进或多进房屋中前后正间中，两边为厢房包围，宽与正间同，进深与厢房等长，因面积较小，光线为高屋围堵显得较暗，状如深井，故名。南方房屋中多天井结构。

绝妙神韵

浓厚艺术

■ 山西窑洞内景

后再在坑中的土壁上挖洞开窑，形成独特民居。地坑窑因是在方坑中向四面挖窑，采光程度大不相同，在使用上，一般是北面的正房为会客、居住的地方，其他方向的窑洞用作储藏粮食、杂物及厨房等。

后期用砖修砌门脸儿，坑沿儿挡水的土垄一般用屋瓦覆盖，类似一圈低矮的屋脊。

除了靠崖窑和地坑窑外，还有用砖或石砌成的窑洞式居室，即砖窑、石窑，又称作"锢窑"。锢窑的建造是先砌出房间的侧墙，上部以拱券的形式结顶，再将后部用砖封堵，前面建造门窗。锢窑可以建成一间或并列数间，也可组成院落，即锢窑院。

阅读链接

山西窑洞里多有土炕与炕围。土炕是休息睡觉的地方，也是取暖的设备。它三面靠墙，炕内部用土坯或者砖砌成纵横相通的通道，一头经过墙内通道直到房顶，为排烟气口，一头连接炕头的灶火是热源。

女主人在地下把柴火塞进灶口做饭，热量通过通道使全炕发热，全家盘腿坐在炕上围着炕桌吃饭，或是全家坐在炕上闲话，有客来时让脱鞋上炕，围炕桌抽烟喝茶。有的地方经济富裕，还把火道通过火墙，取暖就更方便了。

与"炕"相连的是炕三面靠墙的墙面，从炕面起往上约1米，彩画了各种图案、图像的装饰，这就是"炕围"，图画叫"炕围画"。

"炕围画"反映了农民的精神生活，有历史故事和传说，如"刘海戏金蟾""孟母三迁""孔融让梨""二十四孝图"等，也有翎毛花卉、山水人物，还有"连年有余""锦上添花""四喜齐来"等，包含着人们对未来生活的向往。

历史文化底蕴深厚的晋祠

晋祠初名唐叔虞祠，是为纪念周武王次子唐叔虞及母后邑姜而兴建的。晋祠内有几十座古建筑，环境幽雅舒适，风景优美秀丽，素以雄伟的建筑群、高超的塑像艺术闻名于世，是珍贵的历史文化遗产。

晋祠大门

■ 晋祠门神

卷棚 我国古建筑中的一种形式，其屋面双坡，没有明显的正脊，即前后坡相接处不用脊而砌成弧形曲面。卷棚做法是先用椽子弯成木拱桥，然后沿此在椽子上钉上薄板即成，也有不用薄板而用薄薄的望砖直接搁在木拱架上。有时望砖涂上白灰，衬托出红褐色木拱架椽子，非常生动美观。

晋祠位于山西太原西南悬瓮山麓的晋水河畔，晋祠历代均有修建和扩建。南北朝天保年间扩建晋祠"大起楼观，穿筑池塘"。

646年，唐太宗李世民游晋祠撰《晋祠之铭并序》碑文，又一次扩建。984年依山枕建正殿，正殿供奉唐叔虞，北宋天圣年间追封唐叔虞为汾东王，并为唐叔虞之母邑姜修建了规模宏大的圣母殿。

此后，还铸造铁人，增建献殿、钟楼、鼓楼及水镜台等，这样，以圣母殿为主体的中轴线建筑物就次第告成。原来居于正位的唐叔虞祠，坐落在旁边，退处于次要的位置，至此，晋祠格局始定。

晋祠的主体结构主要由水镜台、会仙桥、金人台、对越坊、献殿、钟鼓楼、鱼沼飞梁和圣母殿组成。

水镜台是明清时搭建的戏台，戏台分前后两部，后台为明代建造，前台是清代补建。前台立12根明柱支撑卷棚式屋顶，周围加各种装饰，制作工艺精细。后台台身四角立柱，有两面围廊与前台连成一体。

前后台之间设上下场门，中以木板隔开，上悬"水镜台"横匾。台基高出地面1.3米，前沿排列60

厘米高的石望柱，嵌入石勾栏，将前后台围一周，使整个建筑浑然一体。

水镜台体现了殿、台、楼、阁四种风格。东面上部为重檐歇山顶，下部为宽阔的宫殿形制。西面上部是单檐卷棚顶，下面是宽敞的高台。这是一座由殿楼和卷棚合而为一的特殊建筑。

后半部分单檐卷棚顶楼台式是演剧的前台，面对圣母殿。四周为廊，门左右各一圆窗。据说台下埋着许多大水缸，每两个扣在一起，形成四个"大音箱"。因为有了这大瓮音箱，不论站在庙里何处，都能听到台上的声音。

水镜台上部悬着一块匾额，上书"三晋名泉"，是清康熙武举杨廷翰所书，书体清秀，笔力遒劲。清代补建的卷棚上悬正额"水镜台"，是清乾隆翰林、名书法家、晋祠人杨二酉所题，以秀丽著称，被誉为

望柱 我国古代大型建筑物及桥梁的支撑石栏杆之间的石柱。古代祭祀的牌、碣、表、标、华表等也叫望柱。望柱分柱身和柱头两部分。望柱的柱身各面常有海棠花或龙纹装饰。柱头的装饰，花样繁多，常见的有龙纹、凤纹、云纹、狮子纹、莲花纹等。

绝妙神韵

浓厚艺术

■ 晋祠水镜台

三晋大地

三晋文化特色与形态

■晋祠"鱼沼飞梁"景色

《水经注》 我国古代较完整的一部以记载河道水系为主的综合性地理著作。全书30多万字，详细介绍了我国境内1000多条河流以及与这些河流相关的郡县、城市、物产、风俗、传说、历史等。还记录了不少碑刻墨迹和渔歌民谣。

晋祠三大名匾之一。

献殿殿身三间，歇山顶、四周无墙，中间前后辟门，其余各间，在坚厚的槛墙上安叉子，形如一座凉亭，灵巧而豪放。

敬神时，燃一炷香，那五谷之气，便会使人置身于云雾漫漫，青烟缭绕的神秘氛围之中，从而使人的心灵不由自主地产生某种微妙的变化，上达于天，天人妙合。

鱼沼飞梁在圣母殿与献殿之间，建于宋代，呈十字桥形，如大鹏展翅，形状典雅大方，造型独特。四周有勾栏围护可凭依。

古人以圆者为池，方者为沼。因沼中原为晋水第二大源头，流量甚大，游鱼甚多，所以取名鱼沼。沼内立34根小八角形石柱，柱顶架斗拱和枕梁，承托着十字形桥面。

桥面作十字形，东西长19.6米，宽5米，高出地面1.3米，前后与献殿和圣母殿相接，南北桥面长19.5米，宽3.8米，左右下斜连到沼岸。

由于桥面东西宽广，南北下斜如翼，与地面相平，整个造型犹如一只欲展翅飞舞的大鸟，故称飞梁。飞梁北魏时已存在，北魏郦道元的《水经注》中即有"枕山际水，有唐叔虞祠，水侧有凉堂，结飞梁于水上"的记载。

晋祠最著名的建筑为圣母殿，圣母殿创建于宋代天圣年间。圣母为唐叔虞之母邑姜。圣母殿原名"女郎祠"，圣母殿坐西向东，位于中轴线终端。

殿面阔七间，进深六间，重檐歇山顶，黄绿色琉璃瓦剪边，殿高19米。殿四周围廊，前廊进深两间，极为宽敞，是古建典籍《营造法式》中的"副阶周匝"制实例。

大殿檐柱侧角升起明显，给人以稳重之感，殿堂结构为单槽式，

晋祠圣母殿

晋祠汾神像

蟒袍 古代官员礼服。上绣蟒纹，因此称为蟒袍。妇女受有封诰，也可以穿。蟒袍的式样是齐肩圆领，大襟，阔袖，袍长及足，袖根下有"摆衩子"。周身以金或银线及彩色绒线刺绣艺术纹样。女式蟒与男式蟒大致相同。

即有一排内柱，殿四周除前廊外，均为深一间的回廊，构成下檐。殿内外采用"减柱法"，以廊柱和檐柱承托殿顶梁架，扩大了殿内空间。

殿前廊柱上有木雕盘龙8条，为宋代遗物。殿内存有宋代精美彩塑侍女像41尊、明代补塑2尊，这些彩塑中，邑姜居中而坐，头戴凤冠，面部静谧慈祥，双腿盘坐在木制的方座上，一只手放在胸前，一只手放在腿上，手指隐在袖内，身上穿着的蟒袍沿着膝盖垂向座位下边，整个塑像形态显得稳定而端庄。

侍女塑像形象逼真，造型生动，情态各异，有的像是在招呼微笑，有的似乎在窃窃私语。彩塑侍女个个塑造得面目清秀，圆润俏丽，从容自若。在这些彩塑侍女身旁几乎能感到她们的呼吸和脉搏的跳动，仿佛听到年轻侍女们的娓娓低语，真是惟妙惟肖。

圣母殿内的彩塑、周柏唐槐和难老泉是"晋祠三绝"。周柏是北周时代种植的柏树，唐槐是唐代时种植的槐树，经几千年的岁月洗礼，至今还茂盛葱郁。三绝中最后一绝是难老泉。

晋祠水有三个源泉，一是善利泉，一是鱼沼泉，一是难老泉。难老泉是三泉中的主泉，晋祠水的源头就从这里流出，长年不息，水温保持在17度，每秒流量是1.8立方米。

晋祠的选址是非常讲究的。晋祠选择在了晋阳城西南的悬瓮山麓，背负悬山，面临汾水，依山就势，利用山坡之高下，分层设置，在山间高地上充分地向外借景，依地势的显露，山势的起伏，构成壮丽巍峨的景观。

山坡上的建筑处于视觉注意力集中的焦点，其整体趋势与山体内在的向上的趋势相呼应，获得了优美的天际廓线。

晋祠的布局也非常讲究，集众所长于一身，创造了一个更为丰富合理的空间。通过层层递进，主次、大小、远近、虚实、动静、明暗的对比突出了主体空间，给人以变化丰富的感受，增强了其意境的表现力。

晋祠难老泉

晋祠雨花寺

在组织空间序列时，综合运用了各种手法，着意处理各个空间的连接和过渡，从内部、外部组成一个连绵不断的有机整体，天空、山峦、流水、林木、瓦屋、殿宇交叠显示，时隐时现，从而使晋祠庄重、肃穆、神圣的气氛愈加强烈。

阅读链接

晋祠的金人台有四尊铁人，姿态英武，据说，一年夏天气候特别炎热，身披铁甲的西南隅的铁人忍受不了这难熬的痛苦，独自走到汾河边。看到一条小船驶来，要求船家把他渡到对岸。

船家说："渡你一人，人太少，再等等有无旁人。"

铁人一焦急说道："你能渡过我一个，就算你有能耐啦。"

船家看了看铁人说："你能有多重，一只船不止装一人，除非你是铁铸的。"一语道破了铁人的本相。瞬间，铁人立在汾河边，纹丝不动。船家抬眼一看，认出这是晋祠的铁人。船家不敢怠慢，急忙找了一些乡亲，把铁人抬回金人台。

圣母勒令手下将领，把铁人脚趾上连砍三刀，表示对铁人不服从戒律的惩罚。因此，这尊铁人脚上留着连砍三刀印痕。

内涵丰富的民间剪纸艺术

　　剪纸属于一种镂空艺术，在视觉上能给人以透空的感觉和艺术享受。其载体可以是纸张、金银箔、树皮、树叶、布、皮、革等片状材料。

　　民间剪纸艺术有其独特的形式语言和深厚的传统历史文化渊源，体现了我国民间图腾崇拜和宗教信仰的传承，反映了人们的心理特

山西剪纸

中国剪纸精粹

■ 喜鹊登枝剪纸

三晋大地

三晋文化特色与形态

女红 又称"女工""女功",或"女事",属于我国民间传统技艺,多指女子所做的针线活方面的工作。纺织、编织、缝纫、刺绣、拼布、贴布绣、剪花、浆染等,都属于女红系列。

征、生活追求和审美情趣。

山西民间剪纸内容丰富,并带有明显的地域特色。山西吕梁地区的剪纸含有汉代石刻艺术所具有的质朴、粗犷、雄浑、博大之气;晋南剪纸刀笔遒劲,酣畅淋漓,且具有粗中见细、拙中藏巧的特点;雁北的广灵、灵丘剪纸凝重而艳丽,既有塞外的野趣,又有关内的隽秀;而地处山西腹地的晋中剪纸,则呈圆润秀丽、纤巧精细的风格。

山西民间剪纸的体裁格式,根据各地民俗与实用需要因物、因事制宜。最常见的是窗花,窗花的大小根据窗格的形状来定。

如晋北一带窗户格式有菱形、圆形、多角等样式,窗花也随窗而异,小的寸许,精致灵巧,稚趣横生;大者有四角、六角、八角呼应的"团花",素雅大方。

忻州一带,欢庆春节,或操办婚事都要贴"全窗花",剪出柿子、如意、牡丹、佛手、莲花、桂花、笙等,祝愿新媳妇善于女红,早生贵子,美满幸福。

剪纸的题材大都是人物、动物、草木花卉,能借生活中常见的事物,通过谐音、象征等手法,构成寓意性的艺术画面。

如《龙凤呈祥》《凤凰戏牡丹》象征婚姻的美满

与神圣。《刘海戏金蟾》象征爱情的真挚。《柿子和如意》表示四时如意、平安幸福。《喜鹊登枝》寓意喜上眉梢，喜事盈门。肥猪身上的装饰花纹，用一群小猪组成，以比喻"多子"。新媳妇怀里抱娃娃，表示"得子"等。

民间剪纸与各地风俗习惯密切结合，蕴含着民族精神和民族心理的基本素质，是民族传统文化的有机组成部分。凡岁时节令、居住、服饰、诞生成年、婚葬、寿筵，都在剪纸中得到了反映。

春节是很多民族非常重视的节日，因此显得尤为隆重。山西地区人家过春节时屋里院内都要进行装饰。农村尽管院门上贴着门画、对联，挂着门笺，还要再剪贴一对"桃核"，"核"谐"符"音，承袭古时称"春联"为"桃符"的习俗。

元宵节家家门前悬挂彩灯，灯的造型千姿百态、各具特色，彩灯上张贴的剪纸丰富多彩。以影形而转动谓之"走马灯"，镂刻的灯花为适应转动均是侧面侧身，灯花的功能是美化灯，这就要求剪出的花样必须契合透光照明，为此，灯花的线条比较纤细，黑白对比不太明显，块面相间比较

门笺 是我国传统的春节门楣吉祥饰物，一般用红纸或彩纸剪刻而成，呈长方形，镂空的背饰有方孔钱纹、万字纹、水波纹等，上有吉语题额，中有吉祥图案或福禄寿喜等字，下有多种多样变化的穗，人们在除夕或元旦将门笺贴挂在门楣上，以为新年的节物。

■ 剪纸人物

蜜蜂落在窗棂棂上

喜元妾活咱桐桐跟上

■ 剪纸

走马灯 灯笼的一种，我国传统玩具之一，常见于元夕、元宵、中秋等节日。灯内点上蜡烛，烛产生热力造成气流，令轮轴转动。轮轴上有剪纸，烛光将剪纸的影投射在屏上，图像便不断走动。因多在灯各个面上绘制古代武将骑马图画，而灯转动时看起来好像几个人在互相追赶一样，故名走马灯。

均匀。

山西地处华北高原，历来降雨量就少，尤其是春季十年九旱。旧时，遇到久旱不雨，人们无力自救，便将希望寄托于龙，到农历二月初二时，妇女剪龙，家家门上贴龙，祈求龙王降雨。这类剪纸大都造型简洁夸张，轮廓分明，少有浮饰，呈现出拙稚的野味。

春天，万物复苏，毒虫一类开始四处活动，稍不留神便受其害。传统习俗年年在这个时候，人们剪"鸡啄蝎子""七星剑斩蝎子"。有的则要贴"符"，"符"上刻印有：

谷雨日，谷雨晨，奉请谷雨大将军。茶三盏酒四盅，送蝎千里化为尘。

端午节兴贴"虎除五毒"的剪纸，也与上述的心理因素是一样的，都是人们出于一种良好的愿望，希冀获得精神上的安慰、心理上的平衡。

在山西，孩子诞生是家庭中的一件大喜事。做长辈的为这新生命都得庆贺一番。先用红纸剪个大大的、不作任何装饰的掐腰"葫芦"贴在门上，一为报喜，宣示添丁增口了，也为新生儿纳吉求福，禳灾祛祸；二为报信，也就是一种门标，人们深谙此俗，也就不随便出入了。

此外，新生儿为男婴者，在门墩上用煤块压一片方形白纸，寓意品行方正，洁白无瑕；如果是女婴，则压一块红纸，寓意洪福齐天。

孩子长大，父母为儿女的成婚大礼竭尽全力，祝愿他们和和美美，白头偕老。这种心愿也需要借助新娘的陪嫁品、新郎的迎娶用物以及亲朋好友馈赠礼品上的剪纸表现出来。

新婚之典，凡使用之物都要有"礼花"覆盖。"礼花"亦称"喜花"，自然悦目好看，充满喜气，而礼花上的象征之物，诸如花卉草木、器皿吉物、字意图案等，往往包含了人们的理想、愿望、

谷雨 二十四节气的第六个节气，时间为每年4月19日—21日视太阳到达黄经30°时，源自古人"雨生百谷"之说。谷雨节气的到来意味着寒潮天气基本结束，气温回升加快，有利于谷类农作物的生长。

■ 剪纸

祝福。

洞房窗户上剪贴的"扣碗花"，其造型两碗相扣严丝合缝，含"合卺"的实意。卺，是瓢，一瓠剖两瓢，两瓢相合谓之"合卺"。此外，"鼠闹葡萄""鼠拽瓜瓜""鼠拉鸡子""石榴鱼""抓髻娃"为内容构成的剪纸也同样含有生殖繁衍之意。

婚嫁贴"喜"字可是很有讲究的，嫁女的一方贴"禧"字，是表示一种喜庆、吉祥。而娶媳妇的一方则要贴"囍"字。这"囍"字，以"囍"寓意喜上加喜。

日常生活中，剪纸成为山西人生活中最常见的装饰品。墙花，顾名思义是贴在墙上的花。它篇幅较大，而且带有浓厚的故事情节，如《八仙》《娶亲》《老爷送外甥》《老鼠嫁女》。

这类大型的剪纸在山西的一些地方是常见的。粮仓、水缸等盛物器皿是人们着重美化的"天地"。一般都喜欢贴"鱼"，粮仓上贴鱼象征家有余粮；水缸上贴鱼喻如鱼得水，有鱼必有水，源源不竭之意。早先刺绣底样除笔绘外，大都是用薄而韧性强的纸剪出所要绣的图纹，然后贴在底缎上再施以绣工。

八仙 指民间广为流传的道教八位神仙。八仙之名，明代以前众说不一。有汉代八仙、唐代八仙、宋元八仙，所列神仙各不相同。至明始定为：铁拐李、汉钟离、张果老、蓝采和、何仙姑、吕洞宾、韩湘子、曹国舅。

■ 剪纸人物

■老鼠嫁女剪纸

刺绣纹样采用最多的是动物、植物以及几何图形。这些剪纸手法简练、概括，富有抽象趣味。所剪的内容由绣品的用途而定，像婚嫁用的"枕头顶""鞋面"，多取"龙凤呈祥""凤戏牡丹"等喜庆祝福的内容。这些剪纸既反映出农村色彩斑斓的生活，又折射出朴实厚道、质直善良的民风。

阅读链接

广灵县地处太行山北端，恒山东麓，为山西东北门户。广灵县剪纸文化底蕴深厚，以刀刻为主，剪裁为辅，阴刻阳镂结合，刀法细腻，深浅色相间，冷暖色调对比，艺术风格鲜明，想象力生动，表现力强，生动传神，用料与染色考究，包装制作精细。

广灵县剪纸的原料是一种单一的雪白宣纸，工具是几把刀刃为斜形的大小不等的刻刀。程序是先用刀刻出剪纸成品，再点染着色。

民间巧匠非常讲究刀工刻法和着色技艺，他们以简单的工具，采取阴刻为主，阳刻为辅的办法，在短短几分钟内就能龙飞凤舞地刻制出许多成品。着色时用上好白酒调色，调配较深的颜色可加少量白矾，这样既能使涂上的颜色鲜艳水灵，又能保证剪纸存放较长时间。

独树一帜的山西面食文化

山西面食历史悠久，源远流长，有2000多年的历史。尧时，人类吃五谷仍是与树叶一起煮着吃或烤着吃，还没有像后来的面食。

一次尧收获的五谷，被倒塌的墙压碎了，又遇上一场雨，将重压后的五谷变成了浆。按当时的习惯，五谷只有和着树叶煮着吃的，现在破碎被雨浇了，应该扔掉了。但是一向俭朴的尧，还是一把一把地将谷浆用手捧到光滑的石板上，想用太阳将它晒干后收藏。

山西石子馍

没想到雨后的太阳如火，烤得石头发烫，时间一长使得青石板上的谷浆变干变黄，并散

■ 制作莜面工具

发出奇异的香味。

　　尧拿来一块放在嘴里嚼，感觉非常好吃。于是尧便叫来百姓，教他们用石将谷砸碎，然后用水、树叶和成浆，薄薄地铺在青石板上，并在青石板下点燃木柴，用石板将谷浆烤熟食用，于是石烹的时代由此开始了。

　　在尧都临汾和运城一带，人们将这种饼叫作尧王饼或石子馍。后来的尧王饼以细面做成，有的还加上些花椒叶、盐糖和蛋糊，非常香脆好吃。

　　山西面食不但历史悠久，而且品种繁多，广泛流传于民间，如：刀削面、拉面、擀面、剔尖、饴铬、猫耳朵、擦疙蚪、揪片、刀拨面、搓鱼、推窝窝、溜鱼儿、抿面、莜面栲栳等。

　　山西地处黄土高原，外缘山脉环绕，为温带大陆性气候。自然条件宜种植小麦和五谷杂粮。面食由此成为山西人的主食。蒸、煮、烧、烤、炸等多种制作方

馍 我国的传统面食，是把面粉加水、糖等调匀，发酵后蒸熟而成的食品，其历史可追溯至春秋战国时期。我国幅员辽阔，民族众多，口味不同，做法各异，由此发展出了各式各样的馒头。

■ 山西面鱼

三晋大地

三晋文化特色与形态

臊子 是西部吃面食的一种卤汁，将肉切丁，加以各种调料，特别是香醋、辣椒等炒制而成的。臊子面是西北的一种传统特色面。臊子面历史悠久，尤以宝鸡岐山县的岐山臊子面最为正宗，用精白面粉、猪肉、黄花菜、鸡蛋、木耳、豆腐、蒜苗等料和多种调味品制成，以薄、筋、光、煎、稀、汪、酸、辣、香而著名。

法与食法，形成了灿烂的面食文化。

在山西按照制作工艺来讲，面食可分为蒸制面食、煮制面食、烹制面食三大类，种类有280多种。

山西蒸制面食品种繁多，玉米面窝窝是过去最普通的主食。晋南晋中一带产麦区则多吃馒头。馒头分为花卷、刀切馍、圆馒、石榴馍、枣馍、麦芽馍、硬面馍等。杂粮蒸食有晋北晋中吕梁的莜面烤栳栳；忻州五台原平的高粱面鱼，另外还有稍梅、面塑等。

莜面栳栳是晋北、晋中、吕梁一带家庭主妇的拿手戏。她们将一大块热水和好的面团放于手背上，夹于中指和食指中间，放置光洁石板上，随手一拐、手托一推、食指一挑一卷，筋薄透亮的一个个栳栳便整整齐齐地码放在笼中，急火蒸10来分钟出锅后，浇上羊肉蘑菇臊子或葱油盐醋等，软筋适口、浓香不绝。

高粱面鱼是晋北的忻州、定襄、五台、原平、代县一带的家常饭。主妇们将和好的面挤成枣样大小的面块，两手同时从大案两头搓起，成细若香头的小鱼,蒸好浇上汤菜食之。

若是时间紧，来不及搓鱼，便捏成很薄的红面壳壳。要么掰成块蒸熟加菜拌食，要么切条，用鸡蛋、酸菜炒食，同样成为美味。

稍梅制作工艺相对复杂。制作时将羊肉绞碎，放入盆内，加花椒粉、盐、白酱油、姜末、蒙子拌匀，再将西葫芦、韭菜切细放入，加麻油拌成羊肉馅。最难的是做皮，俗话说："稍梅好吃难和面，皮薄包馅打花难"。

做皮就是将面粉加盐和清水拌匀，揉透搓成条，摘成面剂子擀成片，用擀面杖把面片压出花边，放入盆内盖上湿布，然后用每张面片裹上些许羊肉馅包成形似梅花的稍梅，上笼用大火蒸约15分钟可熟，取出即成，形似花瓣盛开的雪梅，皮软馅鲜，无腥膻味。

稍梅原来是山西农村有钱人家用作喜庆筵席的点心，由于口音变异也叫为"烧麦"。

面塑民间俗称"面人""面羊""羊羔馍""花馍"等。用面粉塑制诸如人物、动物、花卉、翎毛、瓜果等花样繁多的面塑。

山西面塑以上等的白面为原料，经过揉面、造型、笼蒸、点色而成，造型夸张、生动，用色明快、大方，风格粗犷、朴实、简练，并富有雅拙的美感，具有鲜明的民间和地方特色。

山西民间面塑主要包括两类：花馍和礼馍。花馍是

■ 美味烧麦

■ 山西花馍

清明节 我国民间传统节日，农历二十四节气之一，一般是在公历4月5日前后。清明一到，气温升高，正是春耕春种的大好时节，有"清明前后，种瓜点豆"之说。清明节是一个祭祀祖先的节日，传统活动为扫墓。

配合岁时节令祭礼或上供的馍，如"枣山"在祭祀神灵之中，寓意"早生贵子"。用于清明节的"飞燕"花馍，既是扫坟祭礼的用品，也表示春燕飞来，阳光明媚。

礼馍，则是伴随诞生、婚嫁、寿筵、丧葬等人生仪礼而制作的馈赠物品。在山西晋南平原每当婴儿满月时，姥姥家都要蒸一种又圆又大、中间空心的花馍馍，俗称"囫囵"，妇女们把它用红包袱裹起来，一手提着囫囵礼馍，一手拉着小孩，来往于乡间小路，互赠于亲戚乡里之间，传递着浓厚的乡里乡情。

山西煮制面食品种丰富，制作多样，大体可分为50余种，制作方法有擀、拉、拨、削、压、擦、揪、抿等几十种，所用原料除小麦面外，还有高粱面、豆面、玉米面、荞麦面、莜麦面等，调料上自鸡、鸭、鱼肉、海鲜，下至油、盐、酱、醋，不一而足。

刀削面是山西煮制面食的代表。山西刀削面内虚、外筋、柔软、光滑，柔中有硬，软中有韧，浇卤或炒或凉拌，均有独特风味。

传统的操作方法是一手托面，一手拿刀，直接削到开水锅里，其要诀是："刀不离面，面不离刀，胳膊直硬手平，手端一条线，一棱赶一棱，平刀是扁条，弯刀是三棱。"

刀削面对和面的技术要求较严，水、面的比例，要求准确，一般是一斤面三两水，打成面穗，再揉成面团，然后用湿布蒙住，饧半小时后再揉，直到揉匀、揉软、揉光。

刀削面的调料俗称"浇头"或"调和"，也是多种多样的，有番茄酱、肉炸酱、羊肉汤等，并配上应时鲜菜，如黄瓜丝、韭菜花、绿豆芽、煮黄豆、青蒜末、辣椒面等，再滴上点老陈醋，十分可口。

山西烹制面食中，有很多各具特色、别有风味的烹制面食。山西流行这句话："晋南的馍、晋中的面、晋北的糕"。

这里所说的晋北的糕是晋北的炸糕。在晋北一些地区，盖房要吃上梁糕，乔迁要吃搬家糕，婚嫁要吃锣鼓糕，逢年过节要吃节日糕……

晋北炸糕有"素糕""毛糕""脆炸糕"三种。

素糕是把黍子去皮磨面，蒸成的糕，也叫"黄糕"；连皮磨面做

莜麦 燕麦的一种，学名为"裸粒类型燕麦"或"裸燕麦"，原产我国的燕麦品种，华北称之为"油麦"，西北称之为"玉麦"，东北称之为"铃铛麦"。莜麦是营养丰富的粮食作物，在禾谷类作物中蛋白质含量最高，且含有人体必需的八种氨基酸，其组成也较平衡。莜麦营养丰富，耐饥抗寒，在西部被誉为一宝。

■ 刀削面

晋北炸糕

成的糕为"毛糕"；将素糕包上馅儿，入油锅炸出的，就叫"脆炸糕"。

做炸糕最讲究做完糕后要留"糕根"，即在包完糕之后要剩一块素糕，把它捏成猪头状，即为"糕根"。预示有永远吃不完的糕。炸糕风味各异，各有各的味道，但同样好吃。

山西面食文化独树一帜，博采众长，面食种类不但极其丰富，口味独特纯正，而且很多都蕴含着深厚的历史文化，真是一边吃着香在嘴里，一边品着美在心里。

阅读链接

明清时期，山西人外出谋生的人很多，很多人三年五载才能返乡，家中妻子夜夜纺纱捻线苦苦等待。

一年冬天，晋中一个姓乔的商人返乡。见面后，妻子埋怨说：俺还不如天上的织女呢，人家织女每年七月七能和牛郎见面，俺却三年五载等你不回来。

丈夫指着妻子纺成的线说："我最爱吃面条，如果你能把面条做成像你纺成的线这么细长，我就年年回来。"

于是，妻子一改往日的做法，细添水、巧和面，加盐，加碱，轧面饧面，反复多次，和得面团油光发亮，柔韧无比，然后她将面条切成小条，两手一拽，案上三甩，打扣再拉，如此反复几扣，再拉再拽再甩，最后，一把如丝如线的面条出现了，煮好后捞入碗中，浇上香喷喷的肉汁捧给丈夫。

丈夫拿筷子挑动，大喜过望，狼吞虎咽，连吃三大碗，看着妻子问道："娘子手艺非凡，不知此面叫什么名字？"

妻子笑到："长相思长拉面，"拉面的名字由此而得。

千年弥新不衰的酒文化

　　酒文化是指酒在生产、销售、消费过程中所产生的物质文化和精神文化总称。

　　酒文化包括酒的制法、品法、作用、历史等酒文化现象。既有酒自身的物质特征，也有品酒所形成的精神内涵，是制酒、饮酒活动过

国藏汾酒

■ 酿酒画像砖

刺史 古代官名。汉武帝时期置。"刺",检核问事之意。秦朝时每郡设御史,任监察之职,称监察院御史。汉文帝以御史多失职,命丞相另派人员出行各地视察,不常置。汉武帝时废诸郡监察御史,设刺史一职,分全国为13部,各置部刺史一人。刺史制度对于加强中央对地方的监督和控制,发挥了重要的作用。

程中形成的特定文化形态。

山西的酒文化有着深厚的文化底蕴和历史积淀,形成了独具特色的人类文明。山西汾阳杏花村自古物华天宝,人杰地灵,素有"诗酒天下第一村"的美誉,是汾酒与酒文化的发祥地。

其得天独厚的自然地理条件,优越的历史人文环境、神奇独特的酿造工艺,积淀形成了汾酒文化丰厚的底蕴。

诗仙李白两次出游太原,途中来到杏花村品尝汾酒,感受汾酒的美味后,写出了佳句:

琼杯倚食青玉案,使我醉饱无归心。

与李白齐名的诗人杜甫,其祖父曾为汾州刺史,汾阳古称汾州。杜甫幼年时常来汾州留居，对汾酒也有着高度的赞誉。

山西制酒业历史悠久，如《物原》食原中载"殷果作醋，周公作酱芥辣"是事实的话，那么，毫无疑问，酒的发明要比醋早得多，按传统的制醋技术，醋是在酒的基础上酿出来，因此，人工酿酒的历史要比酿醋的历史久远。

山西名酒辈出，有汾酒、竹叶青酒、潞酒等。山西的酒文化有非常鲜明的地域文化特色。

汾酒原名汾清，起源于4000多年前历史上的黄酒，1500多年前的南北朝时期，汾酒作为宫廷御酒受到北齐武成帝的极力推崇，被载入二十四史，使汾酒一举成名。

汾酒风格约接近于"汾州黄"酒。大约在唐代，因蒸馏酒较为普遍，特别是桑落酒技术从洛阳或永济

黄酒 我国最古老的酒类，也称为米酒，与啤酒、葡萄酒并称世界三大古酒。黄酒以大米和黍米为原料，属于酿造酒，它不同于白酒，黄酒没有经过蒸馏，不同种类的黄酒颜色亦呈现出不同的米色、黄褐色或红棕色。是我国的民族特产，其用曲制酒、复式发酵酿造方法，堪称世界一绝。

绝妙神韵

浓厚艺术

■ 汾酒古井

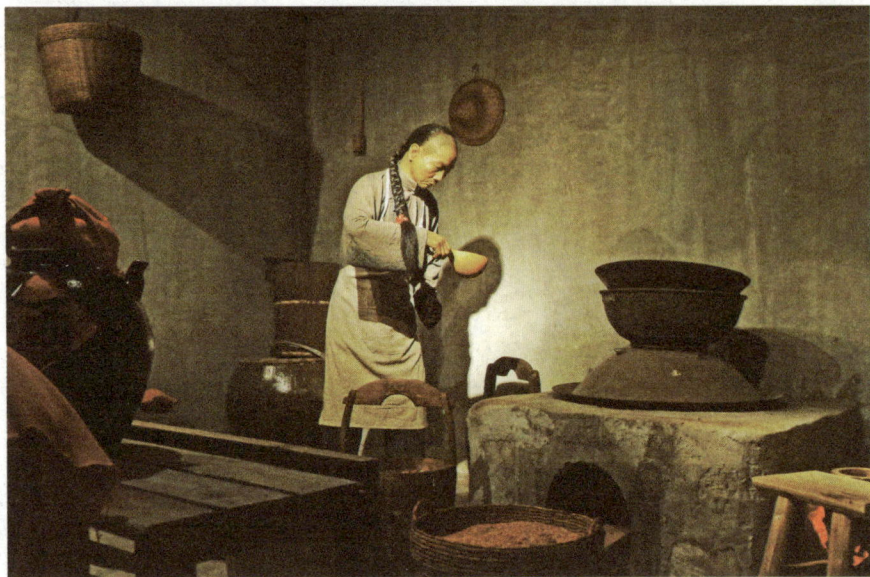

汾酒作坊

北上经过汾州时，过滤"汾清"就变成了蒸馏汾酒。

汾酒工艺精湛，源远流长，素以入口绵、落口甜、饮后余香、回味悠长而著称。汾酒用水为采自山间的泉水，以高粱为主要原料，用的酒曲则以豌豆、大麦为原料。杏花村有取之不竭的优质泉水，给汾酒以无穷的活力。

《汾酒曲》中记载，"申明亭畔新淘井，水重依稀亚蟹黄"，注解说："申明亭井水绝佳，以之酿酒，斤两独重。"

《周礼》上记载了酿酒六法，即：

> 秫稻必齐，曲药必时，湛炽必洁，水泉必香，陶器必良，火齐必得。

此为黄酒酿造法的精华。

《周礼》 儒家经典之一，西周时期的著名政治家、思想家、文学家、军事家周公旦所著。《周礼》涉及内容极为丰富，天文历象、邦国建制、政法文教、礼乐兵刑、赋税度支、膳食衣饰、寝庙车马、农商医卜、工艺制作等无所不包，堪称为上古文化史的宝库。

汾酒色佳香甜的原因除了原料和水质外，也是与其独特的酿造工艺分不开的。汾酒的酿造方法在《天工开物》"曲蘖第十七"中有详载。

清乾隆年间，《汾酒曲》中详载了有关汾酒的史实、品质、酿造和酒业等内容。清徐珂《清稗类钞·工艺类》记载：

汾酒之制造法与它酒不同，它酒原料下缸，七八日之酝酿，一次过净，酒糟齐出矣。汾酒酝酿最缓，原料下缸后须经四次，历月余，始能完全排出。且其性最易发挥，存积稍久，则变色减秤暗耗不资。

竹叶青酒也产于山西杏花村。竹叶青酒以悠久的历史和色、香、味"三绝"的独特风格，赢得了一致赞誉。

最古老的竹叶青酒只是单纯加入竹叶浸泡，求其色青味美，故名"竹叶青"。后来竹叶青酒以汾酒作底酒，酿以广木香、公丁香、竹叶、陈皮、砂仁、当归、零陵香、紫檀香等10多种名贵药材和冰糖、白砂糖浸泡配制而成。

竹叶青酒色泽金黄兼翠绿，酒液莹澈透明，芳香浓

■ 饮酒雕塑

《天工开物》
作者是明朝宋应星，为一部综合性的科学技术著作，也是世界上第一部关于农业和手工业生产的综合性著作，是一部百科全书式的著作。《天工开物》收录了农业、手工业，诸如机械、砖瓦、陶瓷、硫黄、烛、纸、兵器、火药、纺织、染色、制盐、采煤、榨油等生产技术，其中一些技术具有极高的科学价值。

121

绝妙神韵

浓厚艺术

山西出土的西汉胡傅温酒樽

郁，酒香药香谐调均匀，入口香甜，柔和爽口，口味绵长。酒度为45度，糖分为10%。具有养血、舒气、和胃、益脾、除烦、消食的功能，因此被誉为"长寿水"。

竹叶青酒的美名引来了不少帝王将相、文人骚客的赞誉。南北朝时南朝梁简文帝萧纲皇帝以"兰羞荐俎，竹酒成芳"的诗句赞美皇家宫廷酒竹叶酒；北朝北周著名文学家庾信《春日离合诗二首》诗道：

田家足闲暇，士友暂流连。
三春竹叶酒，一曲昆鸡弦。

诗人以鸥鸡筋做琵琶，用铁器弹拨。边品竹叶酒，边弹琵琶，兴致勃勃。

初唐诗人王绩在《过酒家》诗中赞："竹叶连糟翠，葡萄带曲红"；唐朝诗人白居易有诗云："瓮头竹叶经春熟，阶底蔷薇入夏开"；骆宾王有"竹叶离樽满，桃花别路长"。大书法家怀素最爱喝竹叶青酒。唐代文学家任华的诗篇《怀素上人草书歌》中有生动的描绘：

狂僧前日动京华，朝骑王公大人马，暮宿王公大人家。
谁不造素屏，谁不涂粉壁。粉壁摇晴光，素屏凝浇霜，待君挥酒令今不可弥忘。骏马迎来坐堂中，金樽盛酒竹叶香。十杯五杯不解意，百杯已后始癫狂。

潞酒因产于潞州故得名为潞酒，潞州即山西的长治。据古籍记载，潞酒已有1200多年的历史。早在中唐时期，潞酒就形成了独特的地方风味。

唐代李隆基任潞州别驾时，潞州一带连年丰稔，人民安居乐业，潞州酿酒业很发达，有近50座烧酒坊。

李隆基即皇帝位后，视潞州为发迹之地，723年至732年的9年间，唐玄宗李隆基先后登太行山来潞州，以"宴父老"。当地的官员将潞酒作为贡品献上筵席，有诗形容当时的酒宴盛况：

> 宫里府外灯连彩，街头巷尾笙和歌。
> 夜阑霜起归者少，陌路相逢醉人多。

潞酒以无色透明、清香醇正、绵软醇厚、余香较长著称。它的独特之处在于有浓厚的梨花香气。

怀素　唐代著名书法家，幼年好佛，出家为僧。怀素擅长草书，是我国书法史上领一代风骚的草书家，他的草书称为"狂草"，用笔圆劲有力，使转如环，奔放流畅，一气呵成，与唐代另一草书家张旭齐名，人称"张颠素狂"或"颠张醉素"。

山西酒馆

潞酒以当地优质高粱为原料，用优质大麦、小红豆制成大曲为糖化发酵剂，其工艺为地缸分离，适温发酵，清蒸续渣，经分段接酒，贮存老熟，勾兑产出等精酿而成，在操作上把握"稳、准、细、净、冷、热、潮、燥"等要诀。

酒是山西人待客必备之物，谓之"无酒不成席"，劝酒风俗各地又有不同。

山西人平时吃饭较节俭，但遇红白喜事或时令节日时，饭前必饮酒。山西的饮酒习俗有很多讲究，从中可以看出山西酒文化的深厚和山西人的精神风貌，如以酒礼宾、庆贺、助兴、交友等都是山西酒文化的不同形式。

阅读链接

传说以前在杏花村，有家"王记酒坊"。因其生产的酒质一般，在杏花村"酒会"评酒中，总是榜上无名。尽管"王记酒坊"王老板缺少信心，但他还是决定去酒会赛场。

他临走时吩咐两个伙计抬一坛酒到赛场参赛。谁知那天天气奇热，两个伙计为解渴，私下偷喝了大半坛酒。

他们走着走着，来到一处长满绿油油青竹、堆着几块大石头的地方。从石缝渗出一滴滴泉水，聚成一个巴掌大的水洼，洼中浮着不少落下的竹叶，两个伙计用竹叶卷成环状，将洼中泉水舀进酒坛充数，不少竹叶也舀进坛中。

在酒会上，这坛被掺了水的酒刚一打开，便发出阵阵的清香。众宾客一看酒色绿莹莹、清澄澄，取出一品尝真是风味独特。品尝的人无不拍案叫绝称好，于是公推为赛会第一。王老板喜出望外。

王老板"赛会第一酒"和洼中清泉水及竹叶有关，于是，他买下竹林和邻近一片土地，还在水洼处打了一眼"古井"，用井水酿酒，加入竹叶，果然酿出了色香味特好的美酒，取名"竹叶酒"。

文化魅力

山西地区作为中华民族文明重要发祥地之一，积聚了浑厚而丰富的文化，生活在三晋大地上的人们，不仅创造了令人瞩目的物质文明，同时，也创造了很多内涵丰富，极具本地和民族特色的非物质文明。

这些非物质文明植根于三晋丰厚的历史文化沃土，经过一代一代人的努力和精心培育，最终硕果累累。

山西的非物质文明是丰富多彩的，同时，也是独树一帜的，它们有着其他文明所不能比拟的特色和魅力，是中华文化艺术宝库中的奇葩，它们在各自不同的领域独领风骚，展示着三晋人独特的文化修养和精神风貌。

源远流长的"四大梆子"

晋剧舞台

山西是我国的"戏曲之乡""戏曲摇篮",地方戏剧源远流长,品类繁多。山西地方剧种中的"大戏",是人称"山西四大梆子"的蒲剧、晋剧、北路梆子和上党梆子。

其中,蒲剧、晋剧、北路梆子同根异枝,一脉相承,皆为梆子声腔的正宗,群众基础十分广泛。

春秋战国时期,晋国出现了乐师及唱班、杂耍。汉代时,百戏流行,到了汉代

■ 山西戏剧表演

中期，百戏活动在山西晋南地区更是风靡一时，百戏还算不上戏曲，但它已经孕育出戏曲艺术的胚胎。

从汉代至宋代，经过1000多年的孕育和演变，戏曲日趋成形。到北宋年间，在晋南、晋东南的一些乡村已出现了专供演员演戏的大戏台。

最早流传于晋南临猗、万荣、运城一带的锣鼓杂戏及晋北五台、应县、山阴、宁武、朔县、岢岚、五寨一带的赛戏和晋东南长子、平顺等地的队戏，对于山西地区戏剧事业的发展都产生了深远的影响。

明清时期，以梆子、乱弹为主体的地方戏曲在山西地区蓬勃发展起来。明代嘉靖年间，吉县重修乐楼的碑记中有"正月吉日蒲州义和班在此献演"的记载。

1707年冬季，平阳知府邀请戏剧家孔尚任在平阳纂修《平阳府志》时，在新春元宵节当天，观赏了当地秧歌、竹马、昆曲、乱弹等各种传统的民间文艺活

梆子 民间一种打击乐器。一般多用紫檀、红木制作，有些地方用枣木心制作，材料必须坚实、干透，外表光滑、圆弧和棱角适度。约在明末清初，随着梆子腔戏曲的兴起而流行。梆子由两根长短不等、粗细不同的实心硬木棒组成。长25厘米的一根为圆柱形，直径4厘米，另一根短而粗的为长方形，长20厘米，宽5至6厘米，厚4厘米。

■ 蒲剧《打神告庙》

动，他在一首乱弹词中写道：

乱弹曾博翠华看，不到歌筵信亦难。

最爱葵娃行小步，氍毹一片是邯郸。

板腔体 戏曲、曲艺音乐中一种结构体式，又称"板式变化体"。以对称的上下句作为唱腔的基本单位，在此基础上，按照一定的变体原则，演变为各种不同板式。通过各种不同板式的转换构成一场戏或整出戏的音乐。同类腔调的各种板式，可视为由一种基本板式发展变化而成。

这里说的"乱弹"，即为蒲州梆子，当时蒲州梆子已形成独特的表演形式。

蒲剧又称蒲州梆子或南路梆子，当地人通称"乱弹戏"，是山西四大梆子戏中最古老的剧种，因起源于晋南蒲州而得名。

蒲剧形成于明末，盛行于清代。艺术风格慷慨激越而又委婉柔和，粗犷豪放而又细腻缠绵，具有浓厚的地方色彩。

清嘉庆、道光年间，蒲州梆子慢慢形成了南路、西路两个流派，人称"南路文雅，西路火爆"。南路以芮城为中心，唱腔风格大弯大调，基本不使用假嗓；西路以蒲州为中心，演唱风格大都粗犷火爆，在特技上有一定功夫，且唱词较多，戏文通俗易懂，剧目丰实。

蒲剧的音乐包括唱腔、曲牌和锣鼓经三部分。蒲剧的音乐唱腔属板腔体，腔高板急，慷慨激越。唱腔部分以板式变化为主，另有花腔和杂腔部分。有十三湾、花腔、二音腔、三倒腔等。在各种板腔之外，还有不少杂腔，均自其他剧种吸收来。

曲牌分唢呐曲牌、丝弦曲牌两种。唢呐曲牌西、南两路合起来有一百数十支，丝弦曲牌有70多支。皇帝登殿，朝官坐堂，武将升帐、回营，军伍行进，文臣迎送，饮酒行令，接旨迎亲，灵堂祭奠，洞房花烛，打扫厅堂，开打舞剑，备马梳妆等，无一不用牌子曲来渲染。甚至许多伴唱也离不开曲牌来弥补。

129

独领风骚

文化魅力

曲牌 传统填词制谱用的曲调调名的统称，俗称"牌子"。古代词曲创作，原是"选词配乐"，后来逐渐将其中动听的曲调筛选保留，依照原词及曲调的格律填制新词，这些被保留的曲调仍多沿用原曲名称。

■ 蒲剧《观兵书》

■ 晋剧表演

昆曲 我国最古老的戏曲剧种，是我国传统文化艺术中的珍品，被誉为"百戏之祖"。以曲词典雅、行腔婉转、表演细腻著称。昆曲以鼓、板控制演唱节奏，以曲笛、三弦等为主要伴奏乐器。

　　蒲剧锣鼓经从名称上有六七十套，但变化后实有一百余种。从速度上可分慢、中、快、散四种类型，用以配合动作，说唱填补，掌握节奏，渲染气氛。

　　蒲剧伴奏乐器包括文场用乐器和武场用乐器。文场主要乐器是笛子二股弦、二胡、三弦、大唢呐与小唢呐等。武场主要乐器是鼓板、雌板、梆子、马锣、铙钹、小锣、铰子、堂鼓、碰铃、云锣、道锣、木鱼、京锣等。

　　蒲剧剧目有本戏、折戏等500多个，以唱、做、念、打取胜的剧目均有。最有代表性的剧目是《窦娥冤》，这台戏集蒲剧演员的精华，珠联璧合，艺术精湛，称誉一时。蒲剧在表演特技上主要有帽翅功、翎子功、髯口功、梢子功、椅子功、幡子功、跷功、扇子功等。

　　蒲州梆子传到晋中，与当地的秧歌及说唱艺术相融合，形成了中路梆子。清朝同治以后，中路梆子的名气愈发响亮，开始流传到河北、内蒙古、陕西、甘肃等地，博得当地人喜爱，以后，就以"晋剧"称名于世。

晋剧从咸丰、同治年间开始，唱响不衰，盛事迭出。清道光之前，晋剧曾一度雄踞北京剧坛，以至成为山西的代表剧种。

晋剧特点是旋律婉转、流畅、曲调优美、圆润、亲切、道白清晰，具有晋中地区浓郁的乡土气息和自己独特风格。"乱弹"是晋剧主要唱腔共有七种板：平板、夹板、二性、流水、介板、滚白、导板。

"腔儿"是晋剧中的各种花腔，一般不单独使用，而是依附在各种板式的"乱弹"中。"曲子"是指所唱的昆曲和地方小曲。

晋剧的这种唱腔和表演不仅具有梆子腔激越、粗犷的一般特点，而且具有比较圆润和工细的独特风格。因而，既能表现慷慨激昂的历史故事，也能表现优美健康的民间生活。

晋剧传统剧目丰富，经常上演的有200多出，包括《渭水河》《打金枝》《临潼山》《乾坤带》《沙陀国》《战宛城》《白水滩》《金水桥》《火焰驹》《梵王宫》《阎慧贞双锁山》等。每部戏无不表现出独有的

晋剧《醉打金枝》

北路梆子《斩龙袍》

特点。

受蒲剧传播的影响，晋北产生了声腔激越、风格豪爽的北路梆子。北路梆子音乐分唱腔、曲牌和锣鼓经三部分。

北路梆子的唱腔结构属于板腔体，有慢板、夹板、二性、垛板、流水板、三性板、倒板、滚白、介板、花腔等的分别。

传统伴奏乐器有文、武场之分，文场乐器由梆胡、二弦、三弦、四弦、笙、笛、唢呐等组成，武场乐器由板鼓、马锣、铙钹、手锣、梆子、战鼓、堂鼓、碰铃、小音锣等组成。

北路梆子的唱腔深受蒲州梆子的影响，具有高亢激越、淋漓酣畅、稳健粗犷的特点，同时又结合当地的民歌小调，形成"咳咳腔"等自成一体的唱法，带有鲜明的地方特色，充分体现了当地劳动人民质朴淳厚、豪爽大方的性格。

北路梆子传统剧目有200多个，主要有《九件衣》《杨八姐游春》《王宝钏》《打金枝》《金水桥》《哭殿》《斩黄袍》《铡美案》《算粮》《蝴蝶杯》《斩十王》《访白袍》《回龙阁》等。

上党梆子起源于素有深厚戏曲传统的古上党郡泽、潞二州，由明清时期外地传来的罗罗戏、卷戏和地方小戏俗曲，融汇从晋南、晋中流入的梆子戏而成。

上党梆子以演唱梆子腔为主，兼唱昆曲、皮黄、罗罗腔、卷戏，俗称"昆梆罗卷黄"。上党梆子的唱腔以板腔体为主，间亦用曲牌体。

板式中运用最多的是"大板"和"四六"，曲牌体唱腔有"靠山吼""一串铃"等。男女同腔、同度、同调。

调式是徵调式；除"紧大板"和"介板"外，其他各类板式中的过门，都是宫调式的。上党梆子的打击乐是音响强烈的大锣、大鼓，弦乐是巨琴、二把和二胡。

上党梆子的传统剧目有700多个，代表性剧目有《三关排宴》《天波楼》《雁门关》《闯幽州》《董家岭》《巧缘案》《夺秋魁》《甘泉宫》《东门会》《徐公案》等。

阅读链接

山西作为"中国戏曲的摇篮"名副其实，戏台遗迹、墓葬雕刻、戏剧壁画、出土珍品……无一不展示着三晋戏曲昔日的繁盛景象。

关于我国戏曲舞台形成。宋元戏曲建筑主要分作两大类：一类是城市瓦舍勾栏里的戏台；另一类是城乡神庙建筑中的戏台。

由于社会生活的变迁，使得平地上临时布置起来用于围观的勾栏戏台已消失不见，而神庙中附属的戏台，由于其木石结构的坚固性，以及与神庙一体而受到人们的尊崇爱护，因而得以保存下来。

宋元戏台建筑，经历了由露台向舞亭类建筑，由四面观向一面观的演变过程。在这个过程中，舞台遗迹、墓葬中出土的舞台雕刻以及地面舞台建筑实物，无论数量还是规模，山西都处于独一无二的地位。山西万荣县桥上村后土圣母庙的宋代舞台是我国最早的舞亭类建筑。

极富民族特色的山西民歌

　　山西民歌历史悠久，在尧舜时期就有传录，尧时的民歌，如《击壤歌》："日出而作，日入而息，凿井而饮，耕田而食，帝力于我何有哉"；《康衢童谣》：

劳动号子

立我庶民，莫匪尔极，不识不知，顺帝之则"。《南风歌》："南风之熏兮，可以解吾民之愠兮！南风之时兮，可以阜吾民之财兮！

相传这是舜时期歌唱运城盐池和人民生活关系的民歌。

我国最早的诗歌总集《诗经》中的《唐风》和《魏风》，大都是产生在山西地区的古老民歌。

这些民歌，如《唐风》中的《椒聊》《葛生》《绸缪》《鸨羽》等；《魏风》中的《硕鼠》《伐檀》《十亩之间》《汾沮》《葛屦》等。

■ 舜帝雕塑

所反映的社会生活内容非常广泛，它们或歌咏劳动生活，或揭露统治者的荒淫无耻，或倾诉人民生活的痛苦，也有不少是反映婚姻或爱情生活的。

从这些民歌中可以看到古代劳动人民，不仅是"饥者歌其食，劳者歌其事"，用民歌来歌咏他们的生活，抒发他们的感情，而且通过民歌，去抨击不合理的社会现象，表达他们对压迫的反抗和对美好生活的向往。

山西各地民歌品种繁多，大致可归纳为五大类：山歌、号子、小调、秧歌、套曲。

山歌是指那些适于劳动人民在山间田野或崖畔、

135

独领风骚

文化魅力

《诗经》 我国汉族文学史上最早的诗歌总集，收入自西周初年至春秋中叶大约500多年的诗歌，共305篇。另外还有6篇有题目无内容，称为笙诗。西汉时期被尊为儒家经典、沿用至今。

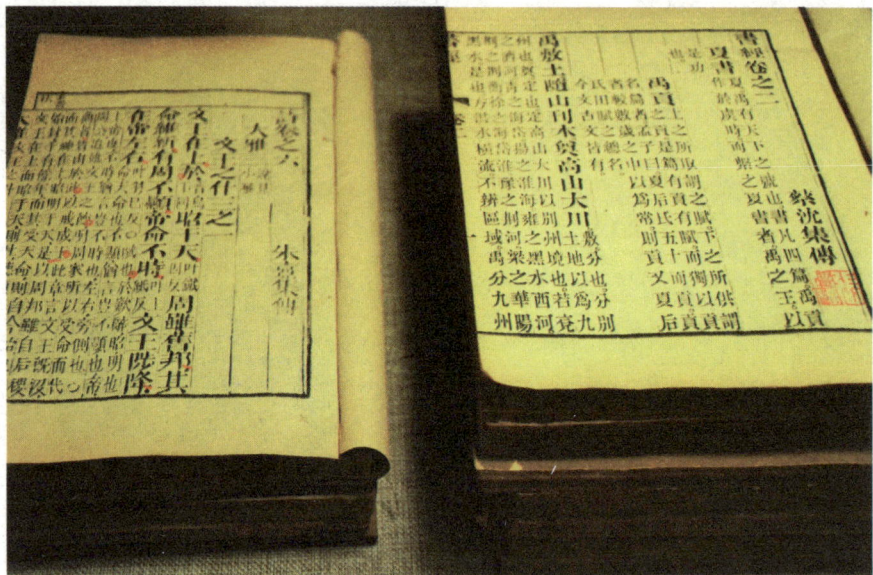

《诗经》

场院随时可唱的一种短歌。山西的山歌的特征是形式短小、单纯,一般为上下两句的乐段结构;词、曲格律均较自由,便于歌唱者直畅地抒发自己的感情;山歌的歌词一般都是歌唱者根据自己的劳动或自己的思想感情即兴编创的,因而感情真挚、朴实;无须伴奏,无一定调高,随时随地张口便唱。

有"山曲""开花调""卷席片"等因地而异的不同名称。

"山曲"主要分布在晋西北高原或者吕梁山地区,其中以"河曲山曲"最为出色。"河曲山曲"高亢、嘹亮、悠长、舒展,富有山野风味。

"开花调"是流行在太行山区的一种山歌形式。主要分布于左权、和顺、武乡、襄垣各县。其中以"左权开花调"最为出色。"开花调"的风格特点与"河曲山曲"迥然不同。如果说"河曲山曲"以其音调高亢、嘹亮、节奏比较自由见长，而"开花调"则以委婉、清秀、节奏比较规整取胜。

"卷席片"是五台县、定襄县、忻县、原平县一带对山歌的叫法。其含意是信口即唱无所拘束。"卷席片"的风格特点与"河曲山曲"基本相似，只是在曲调上不似"河曲山曲"那样多的平行式结构，节奏也较为紧凑，其歌词也更近于口语化。

号子就是劳动号子，是人们从事繁重的劳动时，为了统一号令、协同动作和振奋精神而唱的歌。这种劳动号子虽然也有曲调，但主要是强调节奏以便人们在统一的有规则的节奏中进行劳动。因为号子大都是喊着唱的，所以一般也叫"喊号子"。

山西劳动号子数量不多，然而却有着节奏鲜明有力，音调单纯流畅，情绪乐观豪放等特点。山西号子主要有两大类：一类是夯硪号子，其中又分为"打夯号子"和"打硪号子"两种；二是黄河船工们唱的船工号子。

主要分布在黄河沿岸的河曲、河津、芮城等县。船工号子中又

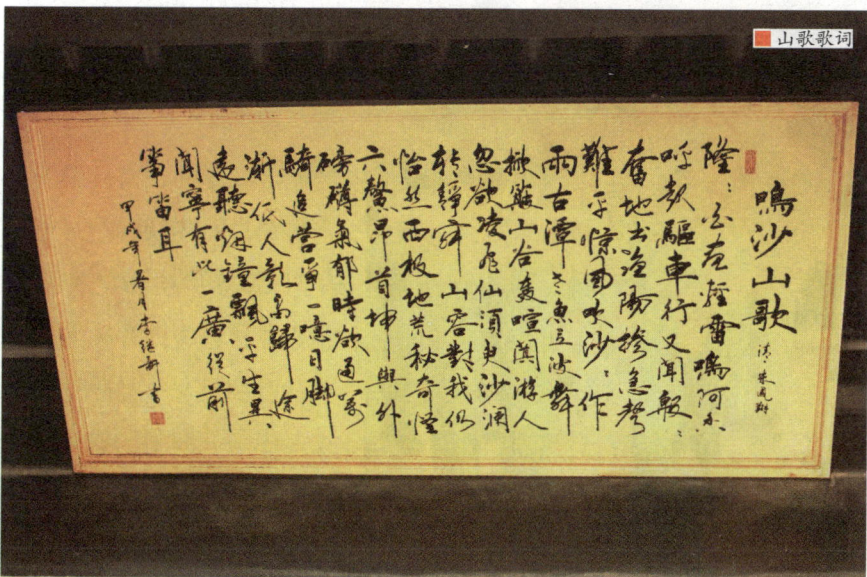

■山歌歌词

根据不同情况的劳动，分为"拨船号子""行船号子""拉篷号子""爬山虎号子""推船号子"等。

小调是指那些适于在室内或在室外从事不太繁重的劳作时随时可以哼唱的小曲。小调在山西民歌中数量最多，分布也最广，遍及各地。

山西小调的歌词较整齐、规范，以七字句为基本格式，其次是十字句，再次是五字句，也有不少是上述三种形式的混合结构，还有少数长短句。小调的结构体现着"起、承、转、合"的规律，而这种乐段结构的变化形态又是多种多样的。

山西小调的体裁形式是丰富多彩的，有优美秀丽的抒情歌，如《绣荷包》《绣花灯》《茉莉花》《十样景》等，也有轻松愉快表现日常家庭生活的俚俗小曲，如《卢狗亲上寿》《姑嫂挑菜》等；有咏人述事的叙事歌，如《下柳林》《秋香哭婆婆》《苦伶仃》等；有热烈欢快适于节日或喜庆场合演唱的娱乐性歌曲，如《拜大年》《闹元宵》《对花》《打秋千》等；也有幽默、风趣的诙谐歌，如《热菜汤》《高高山上

■ 山西劳动号子

长短句 古代的词，都合乐歌唱，由于音乐上要求，词采用长短句，而其句子长短又须依照曲调的节拍。宋代不少词人的词集题名"长短句。

一咕嘟蒜》《大红公鸡毛腿腿》等；也有贬斥馋懒或其他丑恶现象的讽刺歌，如《花儿开》《抓跳蚤》《不相配》等。

山西各地的秧歌品种繁多，分布也很广泛。有些秧歌逐渐向戏曲方面发展，或已形成一种有简单故事情节的地方小戏，但其唱腔却仍然保持着民歌特点并以民歌的面貌传唱。

这些秧歌有：祁太秧歌、沁源秧歌、祁县过街秧歌、原平凤秧歌、临县伞头秧歌、柳林伞头秧歌，其中最为突出，影响也最大的是祁太秧歌。

除上述各种秧歌外，山西还有许多"地秧歌"。如"汾阳地秧歌""曲沃地秧歌"以及其他民间歌舞形式，如晋东南的"花篮灯""九莲灯"、晋南的"花鼓""打花棍"等。

这些民间歌舞形式，都是以舞蹈为主而以间播形式进行演唱，所唱的大半是"四季""十二月"等歌咏花卉、风物或表述古人古事或表达美好祝愿的娱乐性歌曲。由于这些民间歌舞大都是在元宵灯节进行活动，所以统称为"灯歌"。

山西套曲是山西民歌一些叙事性很强、形式较

■ 山西秧歌

秧歌　汉族的一种舞蹈，源于插秧耕地的劳动生活，与祭祀农神，祈求丰收所唱的颂歌有关。秧歌流行于我国北方汉族地区，主要于农历正月十五元宵节时在广场上表演，是一种集歌、舞、戏为一体的综合艺术形式。

■ "山西大腔"雕塑

坐唱 是戏曲或曲艺剧种形成发展过程中的一种演唱形式，演员坐着说唱。弹词、琴书一类曲艺，多取此形式，并由演员自弹乐器自唱。有些只说不唱的曲种，如评书、评话，坐着说讲，也属坐唱范畴。

大的民间声乐，其结构比较严密。这些套曲的曲调，大部分也是在明清俗曲或当地小调的基础上发展形成的。

其内容多是歌唱历史人物或历史传说故事，比较突出的有：左权的"大腔"，其曲调优美，结构严谨，形式完整。有序曲、正曲、尾声。兴县的"昆曲"，是流传在兴县一带的一种民歌坐唱形式，内容都是唱梁山泊英雄故事的。

柳林的"弹唱"，流传在柳林、离石、中阳、方山一带的大型民间演唱，所唱曲调大都是明清小曲或当地小调。

山西民歌具有自己独特的艺术风格和鲜明的地方特色，由于山西境内各个地区的地理环境、经济状况、文化传统以及人民的语言、风俗习惯和所邻近地区的影响等均不相同，因而各地民歌在音阶调式、调式骨干音和旋律特征等方面都具有不同的特点，呈现着各自的风格特色。

晋东南壶关、晋城、阳城、沁水一带的民歌调式古朴；晋北河曲、保德、偏关的民歌高亢辽阔，有塞上高原特有的雄浑憨直；晋南的民歌感情热烈；晋中祁县、太谷、寿阳、太原地区的民歌，则灵活自由、富于变化。

山西的民歌曲调优美，易于传唱，感情真挚，情真意切，具有自己独特的艺术风格和鲜明的地方特色。尤其是山西民歌的歌词，极其生动，富有浓郁的乡土气息。《走西口》《看秧歌》《桃花红杏花白》《绣荷包》《想亲亲》这些民歌在全国各地广为流传。

阅读链接

山西很多民歌反映了山西农民艰苦的生活和人们不屈的斗争精神。这类民歌有《走西口》《回头看》《扁廷扛长工》等。其中，最为突出的是河曲的《走西口》以及有关反映"走西口"生活的民歌。

河曲位于晋西北高原的黄河弯曲处。这里的农民历来生活极为贫苦。为生活所迫，农民们不得不于每年春天，离开家乡，哭别亲人到内蒙古河套一带去谋生。他们春去秋归，年年如此，有的则数年不归。

民歌《走西口》就是表现一对新婚夫妇，为生活所迫，丈夫决定到口外去谋生时，妻子依依惜别的动人故事。在河曲，这类反映"走西口"生活的民歌很多，而且都极为深刻。

正是因为《走西口》这类民歌深刻地唱出了农民的穷苦生活和不屈不挠的斗争精神，因而这些民歌，不但为河曲人民所喜爱，而且也广泛流行开来。

多姿多彩的山西皮影戏

　　皮影戏是山西人喜闻乐见的文艺形式之一，山西皮影戏历史悠久，最早的皮影戏是孝义皮腔纸影戏，早在800多年前的宋金时期，就已然成熟。

　　清代时，山西皮影戏形成规模，大致分南路和北路两派。南路皮

山西皮影

影即晋南皮影，以新绛、曲沃、临汾、运城等地为代表；北路皮影即晋中皮影，以广灵、灵丘、代县、浑源等地为代表。

南路皮影受陕西皮影流派中东路流派的影响，皮影作品形体小巧玲珑，影人高约33厘米，刻工精细，装饰性强，而且色彩简练明快；北路皮影，受北京西派皮影的影响，作品的形体略显肥大，刻工缜密而且精细，色泽明快艳丽。早期皮影用纸糊舞台，后改用纱蒙舞台。

晋中一带，皮影戏班社众多。它以孝义为中心，先后在汾阳、文水、交城、太原、榆次、祁县、太谷、平遥、介休、灵石、隰县、交口、沁源等县广为流传，并安家落户。

不少大商号、大户人家，出于吉庆之意、喜爱之心，都供起了皮影班。有的供一班，有的供两班，还有的供三班。

在晋南一带，碗碗腔影戏以曲沃为源头，先后传播到平阳、蒲州、解州等地。凡遇婚嫁丧葬、有男孩出生，都出钱唱台皮影戏。有些富裕人家，就连大牲畜下了驹，也要请皮影戏热闹两天，以示祝贺。似乎不这样做，就觉得不喜庆，逐渐成为一种民间习俗。

■ 各种皮影造型

皮影戏 是我国汉族民间的一门古老传统艺术，是汉族民间广为流传的傀儡戏之一，老北京人都叫它"驴皮影"。据史书记载，皮影戏始于战国，兴于汉朝，盛于宋代，元代时期传至西亚和欧洲，可谓历史悠久，源远流长。

■ 皮影戏《西游记》

秦腔 我国最古老的戏剧之一，流行于西北的陕西、甘肃、青海、宁夏、新疆等地，其中以陕西宝鸡的西府秦腔口音最为古老，保留了较多古老发音。又因其以枣木梆子为击节乐器，所以又叫"梆子腔"，俗称"桄桄子"。

南北两路的皮影班均为半农半艺的临时组织。农忙的时候种地，农闲的时候唱戏。在人员配备上大抵相同，都是"七紧八慢九消停"的班子，意思是，只要有七个人，虽然紧张，但勉强可以开戏，如有八个人正好，九个人就比较富裕。

但在活动形式上，南北两路皮影戏却有所区别。南路皮影班内容单纯，只演皮影戏。而晋中皮影班却是皮、木同台，昼夜不一。白天以晋剧形式演木偶戏，晚上以皮腔或者碗碗腔演皮影戏。

由于南北两路皮影戏活动形式不一样，所以，在演出设施要求上亦有所不同。最早，皮影戏没有固定的场所，都是临时搭台，唱完戏拆掉，再唱再搭。

在晋南一带，素有"七长八短"的说法，即七根长椽、八根短椽就可以搭就一个皮影戏台，非常简便。

而在晋中一带，却是皮影、木偶同台演出，戏台太小，难以行动。所以，不仅要求范围大，而且要有前后台之分，常以芦席隔开，分皮影戏台和皮、木两用戏台，大者约20平方米，小者仅10平方米左右。

在唱腔方面，山西皮影唱腔非常丰富，有弦板腔、阿宫腔、碗碗腔、老腔、秦腔、南北道情、安康越调、商路道情、吹腔等多种，曲牌甚多。演唱时，还常用和声接腔、帮腔和鼻哼余韵的唱法，拖腔婉转悠扬，非常动听。

山西皮影在表演时，将以驴皮、牛皮刻制的人物、布景和道具搬上舞台，造成影像。山西皮影的造型特点是：戏剧中的人物形象都是正面和侧面的。由于皮影戏只宜表现高、长度的空间，因而与剪纸的表现方法有相似之处。

道情 我国曲艺的一个类别，多以唱为主，以说为辅，有坐唱、站唱、单口、对口等表演形式。清代时，道情同各地民间音乐结合形成了同源异流的多种形式，如陕北道情、江西道情、湖北渔鼓、四川竹琴等。

■ 北路皮影

■ 驴皮影

脸谱 我国戏曲演员脸上的绘画，在面部勾画一定的彩色图案，以显示剧中人物的性格和特征。主要用于净角和丑角。用于舞台演出时的化妆造型艺术。脸谱分为四种：生、旦、净、丑。脸谱对于不同的行当，情况不一。

人物的生、旦、净、末、丑各种角色，与戏剧上的脸谱、服装的程式是相通的。皮影戏的装饰性，尤其是夸张手法极强，在布景方面，有殿阁、楼台、庭院、山水、树石等；道具有桌、椅、车、剑、戟、刀枪等，造型颇为概括洗练。

山西皮影造型在制作方面，取料以牛皮为主，也有用驴皮的。由于牛皮的韧性、透明性极强，着色颜料甚为讲究，因而艺术效果颇佳。牛皮多用小口齿母牛皮，不用病死或老牛皮。

传统的制作方法是，将紫铜细丝除去表面污物后浸入酸性溶液中，一年后便可得绿色，而且时间愈久愈翠、透明度极好。

黄色，是用中医栀子一味细研蒸取，色泽黄而且透明；红、紫、蓝，可用银米、大蓝、二蓝、墨蓝研细澄清取得。

孝义皮影戏是我国皮影戏的重要支派，因流行于山西孝义而得名，是山西最早的皮影戏。孝义皮影戏由皮影艺术的雕刻、绘画而来，经过了长时间的演变和发展，具有独特的地方风格和浓郁的乡土气息，其古朴绚丽、多姿多彩，是蕴藏在山西民间文化中的一朵艺术之花。

孝义皮影以麻纸糊窗作屏幕，凭借悬吊在纸窗后的麻油灯亮影，因此亦称"灯影儿""纸窗子"。一般纸窗面积为2.1平方米左右。纸窗糊制有严格的裁纸、毛边、对口、粘贴、平整等五道工序，其窗平整无皱雪白无瑕。

孝义皮影在明代之前以羊皮为雕刻材料，体高58厘米至60厘米，俗称"二尺影"。到清代，皮影体高缩至42厘米至48厘米，俗称"五尺影"，通常以3岁牛皮为雕刻的上等材料。孝义皮影造型粗犷，简练夸张，线条遒劲有力，极富韵味。

孝义皮影戏分为两大流派，一是皮腔纸窗影戏，二是碗碗腔纱窗影戏。皮腔纸窗影戏流传年代久远，是民间艺人将牛皮、驴皮雕镂成

皮影戏表演

■ 孝义皮影

小唢呐 杆长22
厘米至30厘米，
最常用的是杆长
23厘米的。流行
在广东、广西、
福建、湖南和江
西等省。音色柔
和，多用来独奏
或合奏，尤以与
二胡等合奏更为
动听，并常为歌
舞伴奏。

各种人物、动物、场景的平面形象，作为演戏的道具，用当地的语言和演唱方法创作出的一种旋律和唱腔，韵味独特，称为皮腔，是孝义土生土长的一种声腔艺术。

皮腔主要的乐器是小唢呐、笙、笛子，被当地人称作"吹唱艺术"。皮腔表演时，由艺人操作皮人并伴唱，也有由其他艺人伴唱的。皮腔的影人通常有一尺多高，比碗碗腔影人稍大，但雕镂及造型不如碗碗腔影人精细。

皮腔影戏上演时，主竿是安于操作影人的胸腰。以麻纸为窗，即屏幕，凭借吊在窗后的灯光亮影，牛皮人竖立在屏幕上，由人用数尺长、筷子粗的棍顶住皮影，做出各种动作，并伴有"影人"的对话、说唱和对打。

皮腔影戏的剧目，多取材于《封神演义》《西游记》的故事，演整本大戏时则加演"打台"小戏，没有唱腔，道白也少，以武打为主。

碗碗腔纱窗皮影戏因演唱时有一种形似碗碗的铜铃伴奏，因此称碗碗腔。碗碗腔影人小但镂刻精细，着彩色，用纱布做窗，这要比麻纸的要清亮许多。同样是几块牛皮做影人，三根签顶着，主竿安放于操作者的肩背，不仅影人转动灵活，操作也方便。

碗碗腔皮影戏的乐器有胡胡、二弦、月琴、铜铃，与皮腔的曲调、板式显然不同，被称作"月影""月调"。其韵味优美、抒情性强的唱腔，受到当地中路梆子、皮腔的影响。经常演出宫廷戏，如《九莲珠》《富贵图》《观音堂》等。

笙 单簧气鸣乐器，古代八音乐器之一，距今已有300多年的历史。由每根管子中的簧片发声，是吹管乐器中唯一的和声乐器，也是唯一能吹吸发声的乐器，其音色清晰透亮，音域宽广，感染力强，有丰富的表现力，流行于贵州、广西、湖南、云南、四川等省区。

阅读链接

早在北宋时，山西孝义就有了皮影演出的班社，而且还有专事影人雕刻的艺人，其规模和艺术水平可与当时的京城汴梁相媲美。

在孝义东北隅一座北宋末期的古墓内，两侧壁画上画有数个儿童，这些儿童有的吹着唢呐，有的手持影人，于草坪上玩耍。另外，在孝义张家庄一座元代古墓里，墓壁上也画有八幅纸窗影人，并有"元大德二年五月王同乐影传家共守其职"落款。

说明从元代起，孝义已有影艺世家。史载，1508年，明朝在北京举行过一次百戏大会演，当时就有皮影戏班的演出。

清代，孝义皮影班社达到60余个，皮影雕刻技术更为精湛，剧目日益丰富。因其演出灵活轻便，富有神奇幻想，清嘉庆年间，王妃和阿哥们还把孝义皮影召进皇宫，出资置买戏箱，重金聘请艺人长期演出。

乡土气息浓郁的秧歌舞

山西的民间舞蹈历史十分悠久，《苏氏演义》记载，远在先秦，太原地区就有以"战蚩尤"为内容的较为优美的舞蹈流行于民间了。

"战蚩尤"舞，被当地人称作"爱社"，它反映的是原始社会轩辕黄帝战蚩尤的故事：黄帝为战胜人头兽身、钢头铁额的蚩尤，招纳了24家魂头鬼，为首的六个大鬼分别戴着画有红、紫、粉、绿、黑、蓝六种颜色鬼脸的头盔，身靠扎有15根彩色绿条的背架，手使两尾绣鱼，驱使18名小鬼各持一面小锣，排列各种阵势。

山西出土的元代砖雕腰鼓俑

先以"推门脸""提腿猴""下蹲""骑马势"

■ 秧歌雕塑

作为战前演练，接着用"侧上墙""子场""过关"和"对弈""耍桌"等场面表现黄帝大败蚩尤的情景。场面壮观，风趣逗人。

山西的民间舞蹈丰富多彩，共有几百种舞蹈，按其形式可分为秧歌类、锣鼓类、彩灯类、车船类、花鸟类、拟兽类、武技类、神鬼类和其他类。

总的分布情况是：秧歌类舞蹈流行于北部、中部地区；锣鼓类舞蹈流行于南部地区；神鬼类舞蹈多流传于偏远地区；彩灯、车船、花鸟、拟兽、武技类舞蹈则遍及各地。

这些民间舞蹈各有各的特色，各有各的风采，乡土气息浓郁，是山西人民世世代代集体智慧的结晶。

秧歌是山西众多民间舞蹈中数量最大、形式最多、流传最广的一类，大多数秧歌有歌有舞，以舞为主，但也有的侧重于歌唱，如伞头秧歌、挑高秧歌、小秧歌、高跷秧歌等。

小锣 锣的一种，因锣面较小而得名。铜制，圆形，直径约22厘米，中心部稍凸起，不系绳。演奏时用左手指支定锣内缘，右手持一薄木片敲击发声。它的音色明亮清脆。小锣在京戏中也称京小锣，它与大锣在京剧中随着表演动作节奏敲击，起着衬托和加强效果的作用。

山西秧歌剪纸

腰鼓 古时候的一种打击乐器，形似圆筒，两端略细，中间稍粗，鼓长约34厘米，两面蒙皮。鼓框上有环，用绸带悬挂在腰间，演奏时双手各执鼓槌击奏，并伴有舞蹈动作。腰鼓在民间十分盛行，最初流行于陕西，后来在全国流行起来。

表演人数少则两三人，如"小花戏""小秧歌"；多达几十人，如凤秧歌、踢鼓秧歌，甚至上百人，如伞头秧歌。它们风格多样，各放异彩。

凤秧歌是流行于山西忻州原平一带独具特色的一种秧歌形式。凤秧歌传统节目有几十个，绝大部分是反映农村生活生产的。

早期凤秧歌的扮演者，都是男人，女角色也由男的化装而成。后来，女性也加入了其中。

男角都是武士打扮，身挎腰鼓，头戴军盔，奇妙的是盔上盘绕着一个竹圈小帽，是一根长约八尺的富有弹性和韧劲的竹条，竹条顶端缀一束红缨，表演时可甩出收回，上下翻飞，伸缩自如，令人叫绝。女角都打扮成古代村姑模样，手拿小锣，边扭边行，舞姿优美轻盈。

凤秧歌的表演有三种形式：踩街、踩圈、开轱辘。踩街，即在街道上穿行表演。男女排成几列队形，边扭边舞，交错向前。

队伍前面由一个手击水镲者指挥，前面两个领头的分别化装成"疯公子"和"野太医"。后面的男角扬臂击鼓，头上甩圈；女角击打小锣，载歌载舞。音乐高亢悠扬，表演自然生动，队形灵活多变。

踩圈也叫小秧歌，是继踩街后的定场表演。领唱者为一对老夫妻，其余均为女角。演唱前有段纯舞蹈表演，按"四开头""长流水"等锣鼓点进行。

之后，便由男主角手持花扇，将绕圈舞动的女角一个个逗引出来。被点到的女角与男角跳"扭麻花""掏八字"等舞蹈。

然后全体围圈演唱，通常是男角领唱，女角合唱，尾声时男女大合唱。歌词大都自编自演，以颂人、描景、说事为主要内容。表演时的节奏也较前加快，幅度加大，男女对舞，演唱风趣幽默，富有乡土特色。

开辘辘也叫大秧歌，是以上秧歌演唱部分的延

镲 由钹派生来的一种乐器。相传在宋人所绘《番王按乐图》中，有其为胡人舞蹈伴奏形象，可知年代已久。又称水镲、小水镲、镲锅，流行于全国各地。其又称之为钹，属我国民乐中的打击乐器，主要有大镲和小镲，它是由两个圆形的铜片互相撞击发声的，通常与锣、鼓一起组成锣鼓队进行演奏。

独领风骚

文化魅力

■ 山西秧歌剪纸

■ 秧歌表演用的鼓墩

武术 我国传统的体育项目，也是我国民族的优秀文化遗产之一。其内容是把踢、打、摔、拿、跌、击、劈、刺等动作按照一定规律组成徒手的和器械的各种攻防格斗功夫、套路和单势练习。

续，演出一个个小戏，剧目内容有人物性格，有故事情节，甚至有矛盾冲突，构成一出出民间小演唱，所以当地俗称"出儿秧歌"。

其内容非常丰富，有反映农业生产劳动的，如《薅苗》《打麦》《秋收》；有表现年节习俗的，如《过大年》《观灯》；有刻画自然风景的，如《四敖八景》《朝霞峪赶会》《崞县城赶十三》；有描写爱情、婚姻、家庭邻里关系的，如《二女告状》《等新郎》等，形象地向人们展示了一幅幅农村生活图画。

踢鼓秧歌是流传在山西朔州地区的传统民间舞蹈，尤以朔城区、平鲁区最盛行，流传也广。它以粗犷、刚劲、稳健、风趣的艺术特点，博得广大群众的喜爱。

踢鼓秧歌表演形式有大场子、小场子和过街场子三种。场子大小主要以表演的人数和节目形式而定。大场子一般在山区较为流行，参加人数最少不得低于16人，多可达到64人或更多。

表演时，常以两踢鼓引路，每一踢鼓后，跟一拉花。队形有时成"一"字长蛇阵，或二纵队相并而行，或四纵队对阵而行，或穿插以各种阵式进行。小场子的前场叫山子，后场叫摊子，结尾叫落毛。

过街场子是在大小场子进行前表演，穿街过巷，边走边表演，有宣传和召集人的作用。三种形式各有特点，一般是交叉进行。

踢鼓的步法大而刚健，表演刚健奔放；拉花的步小而颤动，表演袅娜柔软。对舞的交手场类似武术中的对打，大场子红火热闹，气势大，阵式错综复杂。小场子表演者需有过硬的功夫和一定的技巧。

踢鼓秧歌的音乐以鼓、锣、钹为主，配以唢呐、长号，奏起大小得胜和将军令曲牌，浩瀚奔放，显示出了塞外之气势。

伞头秧歌因以手执花伞者领头舞蹈和演唱，故称"伞头秧歌"，在山西，伞头秧歌主要流行于吕梁的临县、离石、柳林、方山、中阳、石楼等地。

伞头秧歌属于一种大型的民间歌舞活动，小则百八十人，多则数百人在伞头的带领指挥下，各自施展自己歌、舞、吹、奏才能。

伞头秧歌的内容丰富

将军令 曲牌名，源于唐王朝皇家乐曲，流传至今1000多年，有多种曲谱和演奏形式，乐曲主要表现古代将军升帐时的威严庄重、出征时的矫健轻捷、战斗时的激烈紧张。

独领风骚

文化魅力

■ 秧歌木偶

广泛，形式活泼多样，气势粗犷豪放，规模宏伟壮观。一支秧歌队，除了乐队和仪仗队外，其余皆扮各种角色。

大致顺序为：仪仗队；乐队；龙舞；伞头，即手执花伞的秧歌艺人，是秧歌队的头领；架鼓子；小会子，即民间小演唱；杂会子，即传统折子戏；民间传统舞蹈；旱船，也叫"水船"；狮子舞收尾。

伞头秧歌的表演主要是扭和唱两个方面，特点是扭时不唱，唱时不扭，扭唱结合，交替进行。伞头是伞头秧歌队的统领，其主要职责是指挥全局，选派节目，带领秧歌队排街、串院，并代表秧歌队即兴编唱秧歌，向外界答谢致意。

伞头右手执花伞，左手摇响环。响环俗称"虎衬"，是用响铜铸造而成的环状圆筒，直径约10厘米，朝外沿开缝，形似手镯，内装小圆球，摇动时发出串铃般响声。

响环的作用，一是作为道具使

用，象征威武。二是摇响后作为唱秧歌或行动前的信号，以指挥锣鼓乐队。伞是普通花伞，周围缀有红绫，表演时随着音乐节奏向左旋转，上下飘动，轻盈自如。

伞头秧歌表演

山西秧歌，无论从种类，还是从内容上说，都极为丰富，而且极富地方特色，乡土气息浓郁，另外，多数秧歌有着悠久的历史，文化底蕴十分丰厚，是我国文化艺术宝库中不可或缺的重要组成部分，是奇葩中的奇葩。

阅读链接

凤秧歌的名称及其由来有几种说法：

一是因为所用道具而得名，表演时，男角头上所佩戴的甩尾草帽的顶端，缀有一个乒乓球大小的红绒球，颇似凤凰头上的红冠，故名。

二是说凤秧歌由安徽凤阳传入，其前身可能是凤阳花鼓，后与当地踩圈秧歌相结合，吸取了民歌小调丰富了演唱部分，逐渐变成为现在的形式，所以称之为凤秧歌。

三是传说秦始皇时期，有一家老少为躲避服苦役，儿子装疯卖傻扮成疯公子模样，扬襟舞扇，癫出城外。一个假装太医的人和这家老少追着装疯的儿子逃出城去。后人为了纪念这种足智多谋的行动，便产生了这种艺术形式。凤秧歌中的两个领头人，恰巧是"疯公子"和"野太医"。

剽悍粗犷的民间锣鼓

　　山西民间锣鼓以粗犷、剽悍、雄奇、自然的地域特色，表现了山西人纯朴、率直、激昂、豪迈的情怀，被誉为"中国第一鼓"。

　　山西的锣鼓文化有着悠久的渊源。《山海经·大荒东经》和《太

山西锣鼓画像

■山西锣鼓

平御览》都记载了这样一则上古神话：黄帝与蚩尤作战时，蚩尤非常厉害，"铜头啖石，飞空走险"，长着一副铜头，把石头当饭吃，可以飞沙走石。

后来，黄帝得到了一种奇特的野兽，其名为夔，"以其皮为鼓，撅以雷兽之骨，声闻五百里，以威天下。"最后通过"声震三千八百里"的鼓声，使蚩尤为之震慑，终于将其降服。夔并非实有的动物，而是像龙、凤、麟一样神奇的动物。

人们认为，夔这种动物神奇无比，用它的皮制作的鼓，其响声具有震慑力，可以除妖降魔，使人避灾趋利。这体现了山西人古老的动物崇拜。

山西锣鼓文化里积淀着丰富的神话、传说及图腾、巫术等古代宗教意识。在山西屯留县，古老的锣鼓艺术最早用于敬神祭祀活动，或天旱求雨，锣鼓手擂鼓时赤着身体，以示虔诚。

《山海经》 先秦一部富于神话传说的最古老的奇书，传世版本共计18卷，包括《山经》5卷，《海经》13卷。内容包罗万象，主要记述古代神话、地理、动物、植物、矿产、巫术、宗教、医药、民俗、民族等方面的内容，其中关于矿物的记录，是世界最早的有关文献记载。

■ 威风锣鼓

扁鼓 一种打击乐器。扁鼓圆形，鼓框木制，两面蒙羊皮或牛皮，用绳索绷紧。鼓面直径37厘米至45厘米。主要流行于内蒙古、辽宁、吉林、黑龙江、西藏、青海、甘肃等地区。

在霍州一带，传说尧王时代当地便有以鼓乐祭神的习俗。在临汾、洪洞一带，有关于尧王把两个女儿嫁给舜后，每年农历三月初三女儿回娘家，四月初八再到婆家，当地百姓都组织庞大的锣鼓队迎送，并相互竞赛，于是"威风锣鼓"应运而生。

山西锣鼓种类繁多，内容丰富，总体风格以节奏强烈明快、场面壮阔见长，主要有《威风锣鼓》《花敲敲》《瞪眼家伙》《牙鼓》《花鼓》《转身鼓》《扇鼓》《黄河锣鼓》《五虎爬山》《太原锣鼓》等，尤其是《威风锣鼓》《黄河锣鼓》《太原锣鼓》《花敲敲》更为突出，各具特色。

《威风锣鼓》主要流行在晋南的洪洞、霍州、临汾、浮山、襄汾、河津等地。

最早表演人数一般为30人，分工是4人挎扁鼓，3人拍铙，4人击钹，1人敲小斗锣，18人敲锣鼓，表演时可原地、可行进，姿势变换灵活。

后来人们逐渐扩大阵容，由30人发展为百余人，重大节日还专门组织几百人的大型表演。参加人员除青壮年外，还有老年和少年。

表演时演奏者身着民族服装，或黑色武士服，跨开双腿，挺起胸膛，仿佛有使不完的力量，气势磅礴，威武雄壮，擂出了黄河的"威风"。

其曲牌也根据需要不断变换翻新，有以花草命名的，如《刺带花》《乱插花》等；有模拟自然音响的，如《风搅雪》《七虎下山》《狮子滚绣球》等；有以鼓点和曲牌顺序取名的，如《一点子》《五点子》《七点子》《七排》《十三排》等，还有借历史故事命名的，如《单刀赴会》《六出祁山》《七擒孟获》《金沙滩》等。

《黄河锣鼓》流行于晋南平陆一带，它源于春秋时虞国的宫廷锣鼓，约有2000余年的历史，演奏队由120人组成，以黄河渡船形式出现，表演的内容有黄

■ 古代铜锣

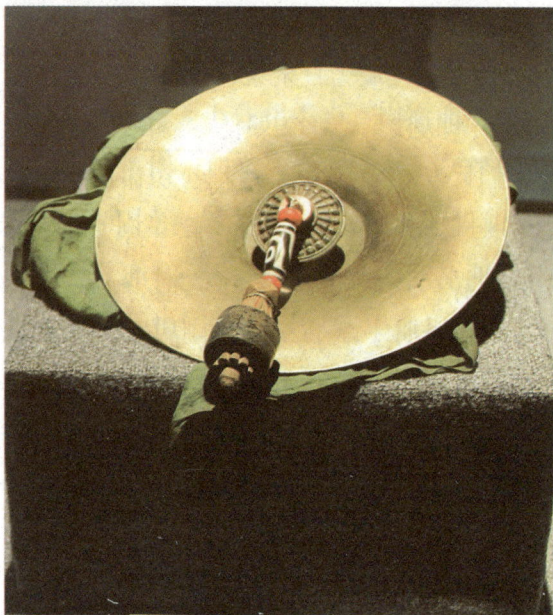

■ 锣鼓表演用的单人钹

河春潮、黄河涛声、八面来潮、砥柱鸣澜等，用锣鼓钹铙模拟黄河的声响，惟妙惟肖，创造了完美的艺术境界。

如表演黄河涛声，先是各种乐器轮番奏鸣，接着鼓点逐渐密集、激烈，敲到高潮，猛打猛收，演奏者的身体也前颠后扑，左摇右晃，表现了黄河波涛汹涌、帆船颠簸的情景，也表现了"弄潮儿"力挽狂澜、搏击风浪的英雄胆略。

《太原锣鼓》是流行在太原和晋中一带的一种锣鼓音乐，特点是阵容整齐，大气磅礴，所用乐器有大鼓、大铙、大钹，要求拍铙、击钹的两组人数对等。在曲式结构和打击艺术上的显著特点是：重章迭句、长短错落，像古诗词的句式结构，能给人以厚重紧凑，回环反复的印象。

演奏中常常使用急煞停顿。演奏徐缓时如潺潺流水，急骤时则似大浪奔腾；轻敲时鸾铃叮当，重击时霹雳轰鸣。演奏者情态激奋，忽而抛镲亮相，忽而怀抱金瓜。音响、感情、表演交织融汇，引人入胜。

太原锣鼓常常把竞争引入演奏，分两队对垒进行。甲队一曲终了，乙队一曲开始，或两队同时开打。这种对台演奏，越打越来劲，越看越振奋，有时演奏长达五六个小时而不肯罢休。

《花敲敲》又称花庆鼓、干鼓，流行于山西新绛县一带，演奏时以竹、木乐器为主，整个锣鼓队由30余人组成。演奏中尽量发挥鼓的优势，挖掘鼓的潜力，打遍了鼓的所有部位，连鼓环、鼓钉都不放过，也汇总了击鼓的各种技巧，使人耳目一新，别开一方天地。

花敲鼓因此得名，并传播四方。中间四个主要演奏者，传说分别代表牛、虎、狮子、麒麟，以镇邪恶。代表曲目是《秦王点兵》。表现历史上秦王屯兵绛州军民一片欢腾的热烈场面。

山西锣鼓中有一类锣鼓很有特色，那就是舞蹈锣鼓。舞蹈锣鼓是融舞蹈与锣鼓于一体，锣鼓的演奏者也是舞蹈的表演者，也称鼓舞。这是一种比较古老的艺术形式。

转身鼓就是一种重要的舞蹈锣鼓，主要流传在山西襄汾县一带，以转身击鼓而名。据传始于明代万历年间。它的鼓点曲牌很丰富，原有100多首。

曲牌大多短小洗练，富于变化。表现内容丰富，主要是

铙 又称为钲和执钟。我国最早使用的青铜打击乐器之一，其最初的功能为军中传播号令之用。流行于商代晚期，周初沿用。铙用响铜制成，呈圆片形，以两片为一副，相击发出声音，常和钹配合演奏。

■ 山西花鼓

独领风骚

文化魅力

农村生活题材，也有历史故事、动物态势。名称生动，很有吸引力，如"小娃摇耧""撅面片""摘豆角""麻雀叫喳喳""狮子大张嘴"等。

在击鼓技艺上变化多彩，因而能出现10多种不同的音响，模拟生活，使人倍增亲切感。与音响谐调，伴舞轻盈明快，灵巧多变。因为鼓是放在固定鼓架上的，表演者更能自如地发挥表演舞姿。

扇鼓亦称太平鼓。南部流行在曲沃一带，北部流行在朔州一带，是一种说唱鼓舞，起端于神祀。其鼓形如蒲扇，故名扇鼓。单面，用藤条或竹篾敲击。鼓柄缀串铁环数个，舞动时叮当有声，颇添几分情趣。

扇鼓的鼓者、舞者、说唱者一身三任，无需另行伴奏。鼓技、舞姿有多种变化，说唱内容随时代更新，贴近人们心理。演奏无一定人数限制，服饰无特殊要求，场地随处皆可，活动简便，十分受欢迎。

阅读链接

"瞪眼家伙"是山西屯留县东部和长治西部农村中广为流传的一种群体锣鼓舞蹈表演。最早起源于祭祀锣鼓乐，那时，每逢祭日，天近一更，村民听到敲锣击鼓的声音，家家便开始做祭祀准备，由于这个原因，瞪眼家伙又称"一更催"。

"瞪眼家伙"这个名字的来历有段小故事。相传清光绪三年大旱后的第二年，当地农业得到大丰收，人们认为是神的赐予。为了感谢神的保佑恩赐，村民敲起锣鼓谢神，人们喜气洋洋，笑逐颜开并互视会意，敲锣拍镲者竟情不自禁地舞动起来，甚至互相敲拍，瞪眼传情，从此不仅改变了原来的呆板打法和队形，而且庄严肃穆的气氛也被欢快热烈的情绪所替代，由此产生了"瞪眼家伙"这个形象的名称。

中华精神家园书系

建筑古蕴

壮丽皇宫：三大故宫的建筑壮景
宫殿怀古：古风犹存的历代华宫
古都遗韵：古都的厚重历史遗韵
千古都城：三大古都的千古传奇
王府胜景：北京著名王府的景致
府衙古影：古代府衙的历史遗风
古城底蕴：十大古城的历史风貌
古镇奇葩：物宝天华的古镇奇观
古村佳境：人杰地灵的千年古村
经典民居：精华浓缩的最美民居

古建风雅

皇家御苑：非凡胜景的皇家园林
非凡胜景：北京著名的皇家园林
园林精粹：苏州园林特色与名园
秀美园林：江南园林特色与名园
园林千姿：岭南园林特色与名园
雄丽之园：北方园林特色与名园
亭台情趣：迷人的典型精品古建
楼阁雅韵：神圣典雅的古建象征
三大名楼：文人雅士的汇聚之所
古建古风：中国古典建筑与标志

古建之魂

千年名刹：享誉中外的佛教寺院
天下四绝：佛教的海内四大名刹
皇家寺院：御赐美名的著名古刹
寺院奇观：独特文化底蕴的名刹
京城宝刹：北京内外八刹与二山
道观杰作：道教的十大著名宫观
古塔瑰宝：无上玄机的魅力古塔
宝塔珍品：巧夺天工的非常古塔
千古祭庙：历代帝王庙与名臣庙

文化遗迹

远古人类：中国最早猿人及遗址
原始文化：新石器时代文化遗址
王朝遗韵：历代都城与王城遗址
考古遗珍：中国的十大考古发现
陵墓遗存：古代陵墓与出土文物
石窟奇观：著名石窟与不朽艺术
石刻神工：古代石刻与文化艺术
岩画古韵：古代岩画与艺术特色
家居古风：古代建材与家居艺术
古道依稀：古代商贸通道与交通

古建涵蕴

天下祭坛：北京祭坛的绝妙密码
祭祀庙宇：香火旺盛的各地神庙
绵延祠庙：传奇神人的祭祀圣殿
至圣尊崇：文化浓厚的孔孟祭地
人间天宫：非凡造诣的妈祖庙宇
祠庙典范：最具人文特色的祭祠
绝代王陵：气势恢宏的帝王陵园
王陵雄风：空前绝后的地下城堡
大宅揽胜：宏大气派的大户宅第
古街韵味：古色古香的千年古街

物宝天华

青铜时代：青铜文化与艺术特色
玉石之国：玉器文化与艺术特色
陶器寻古：陶器文化与艺术特色
瓷器故乡：瓷器文化与艺术特色
金银生辉：金银文化与艺术特色
珐琅精工：珐琅器与文化之特色
琉璃古风：琉璃器与文化之特色
天然大漆：漆器文化与艺术特色
天然珍宝：珍珠宝石与艺术特色
天下奇石：赏石文化与艺术特色

古迹奇观

玉宇琼楼：分布全国的古建筑群
城楼古影：雄伟壮丽的古代城楼
历史开关：千年古城墙与古城门
长城纵览：古代浩大的防御工程
长城关隘：万里长城的著名关卡
雄关漫道：北方的著名古代关隘
千古要塞：南方的著名古代关隘
桥的国度：穿越古今的著名桥梁
古桥天姿：千姿百态的古桥艺术
水利百貌：古代水利工程与遗迹

西部沃土

古朴秦川：三秦文化特色与形态
龙兴之地：汉水文化特色与形态
塞外江南：陇右文化特色与形态
人类敦煌：敦煌文化特色与形态
巴山风情：巴渝文化特色与形态
天府之国：蜀文化的特色与形态
黔风贵韵：黔贵文化特色与形态
七彩云南：滇云文化特色与形态
八桂山水：八桂文化特色与形态
草原牧歌：草原文化特色与形态

节庆习俗

普天同庆：春节习俗与文化内涵
张灯结彩：元宵习俗与彩灯文化
寄托哀思：清明祭祀与寒食习俗
粽情端午：端午节与赛龙舟习俗
浪漫佳期：七夕节俗与妇女乞巧
花好月圆：中秋节俗与赏月之风
九九踏秋：重阳节俗与登高赏菊
千秋佳节：传统节日与文化内涵
民族盛典：少数民族节日与内涵
百姓聚欢：庙会活动与赶集习俗

国风美术

丹青史话：绘画历史演变与内涵
国画风采：绘画方法体系与类别
独特画派：著名绘画流派与特色
国画瑰宝：传世名画的绝色魅力
国风长卷：传世名画的大美风采
艺术之根：民间剪纸与民间年画
影视鼻祖：民间皮影戏与木偶戏
国粹书法：书法历史与艺术内涵
翰墨飘香：著名书法名作与艺术
行书天下：著名行书精品与艺术

山水灵性

母亲之河：黄河文明与历史渊源
中华巨龙：长江文明与历史渊源
江河之美：著名江河的文化源流
水韵雅趣：湖泊泉瀑与历史文化
东岳西岳：泰山华山与历史文化
五岳名山：恒山衡山嵩山的文化
三山美名：三山美景与历史文化
佛教名山：佛教名山的文化流芳
道教名山：道教名山的文化流芳
天下奇山：名山奇迹与文化内涵

东部风情

燕赵悲歌：燕赵文化特色与形态
齐鲁儒风：齐鲁文化特色与形态
吴越人家：吴越文化特色与形态
两淮之风：两淮文化特色与形态
八闽魅力：福建文化特色与形态
客家风采：客家文化特色与形态
岭南灵秀：岭南文化特色与形态
潮汕之根：潮州文化特色与形态
滨海风光：琼州文化特色与形态
宝岛台湾：台湾文化特色与形态

民风根源

血缘脉系：家族家谱与家庭文化
万姓之根：姓氏与名字号及称谓
生之由来：生庚生肖与寿诞礼俗
婚事礼俗：嫁娶礼俗与结婚喜庆
人生遵征：人生处世与礼俗文化
幸福美满：福禄寿喜与五福临门
礼仪之邦：古代礼制与礼仪文化
祭祀庆典：传统祭典与祭祀礼俗
山水相依：依山傍水的居住文化

汉语之魂

汉语源流：汉字汉语与文章体类
文学经典：文学评论与作品选集
古老哲学：哲学流派与经典著作
史册汗青：历史典籍与文化内涵
统御之道：政论专著与文化内涵
兵家韬略：兵法谋略与文化内涵
文苑集成：古代文献与经典专著
经传宝典：古代经传与文化内涵
曲苑音坛：曲艺说唱项目与艺术
曲艺奇葩：曲艺伴奏项目与艺术

自然遗产

天地厚礼：中国的世界自然遗产
地理恩赐：地质蕴含之美与价值
绝美景色：国家综合自然风景区
地质奇观：国家自然地质风景区
无限美景：国家自然山水风景区
自然名胜：国家自然名胜风景区
天然生态：国家综合自然保护区
动物乐园：国家动物自然保护区
植物王国：国家保护的野生植物
森林景观：国家森林公园大博览

中部之魂

三晋大地：三晋文化特色与形态
华夏之中：中原文化特色与形态
陈楚风韵：陈楚文化特色与形态
地方显学：徽州文化特色与形态
形胜之区：江西文化特色与形态
淳朴湖湘：湖湘文化特色与形态
神秘湘西：湘西文化特色与形态
瑰丽楚地：荆楚文化特色与形态
秦淮画卷：秦淮文化特色与形态
冰雪关东：关东文化特色与形态

衣食天下

衣冠楚楚：服装艺术与文化内涵
凤冠霞帔：佩饰艺术与文化内涵
丝绸锦缎：古代纺织精品与布艺
绣美中华：刺绣文化与四大名绣
以食为天：饮食历史与筷子文化
美食中国：八大菜系与文化内涵
中国酒道：酒历史酒文化的特色
酒香千年：酿酒遗址与传统名酒
茶道风雅：茶历史茶文化的特色

博大文学

神话魅力：神话传说与文化内涵
民间相传：民间传说与文化内涵
英雄赞歌：四大英雄史诗与内涵
灿烂散文：散文历史与艺术特色
诗的国度：诗的历史与艺术特色
词苑漫步：词的历史与艺术特色
散曲奇葩：散曲历史与艺术特色
小说源流：小说历史与艺术特色
小说经典：著名古典小说的魅力

歌舞共娱
古乐流芳：古代音乐历史与文化
钧天广乐：古代十大名曲与内涵
八音古乐：古代乐器与演奏艺术
鸾歌凤舞：古代大曲历史与艺术
妙舞长空：舞蹈历史与文化内涵
体育古项：体育运动与古老项目
民俗娱乐：民俗运动与古老项目
刀光剑影：器械武术种类与文化
快乐游艺：古老游艺与文化内涵
开心棋牌：棋牌文化与古老项目

科技回眸
创始发明：四大发明与历史价值
科技首创：万物探索与发明发现
天文回望：天文历史与天文科技
万年历法：古代历法与岁时文化
地理探究：地学历史与地理科技
数学史鉴：数学历史与数学成就
物理源流：物理历史与物理科技
化学历程：化学历史与化学科技
农学春秋：农学历史与农业科技
生物寻古：生物历史与生物科技

文化标记
龙凤图腾：龙凤崇拜与舞龙舞狮
吉祥如意：吉祥物品与文化内涵
花中四君：梅兰竹菊与文化内涵
草木有情：草木美誉与文化象征
雕塑之韵：雕塑历史与艺术内涵
壁画遗韵：古代壁画与古墓丹青
雕刻精工：竹木骨牙角匏与工艺
百年老号：百年企业与文化传统
特色之乡：文化之乡与文化内涵

杰出人物
文韬武略：杰出帝王与励精图治
千古忠良：千古贤臣与爱国爱民
将帅传奇：将帅风云与文韬武略
思想宗师：先贤思想与智慧精华
科学鼻祖：科学精英与求索发现
发明巨匠：发明天工与创造英才
文坛泰斗：文学大家与传世经典
诗神巨星：天才诗人与妙笔华篇
画界巨擘：绘画名家与绝代精品
艺术大家：艺术大师与杰出之作

戏苑杂谈
梨园春秋：中国戏曲历史与文化
古戏经典：四大古典悲剧与喜剧
关东曲苑：东北戏曲种类与艺术
京津大戏：北京与天津戏曲艺术
燕赵戏苑：河北戏曲种类与艺术
三秦戏苑：陕西戏曲种类与艺术
齐鲁戏曲：山东戏曲种类与艺术
中原曲苑：河南戏曲种类与艺术
江淮戏话：安徽戏曲种类与艺术

千秋教化
教育之本：历代官学与民风教化
文武科举：科举历史与选拔制度
教化于民：太学文化与私塾文化
官学盛况：国子监与学宫的教育
朗朗书院：书院文化与教育特色
君子之学：琴棋书画与六艺课目
启蒙经典：家教蒙学与文化内涵
文房四宝：纸笔墨砚及文化内涵
刻印时代：古籍历史与文化内涵
金石之光：篆刻艺术与印章碑石

悠久历史
古往今来：历代更替与王朝千秋
天下一统：历代统一与行动韬略
太平盛世：历代盛世与开明之治
变法图强：历代变法与图强革新
古代外交：历代外交与文化交流
选贤任能：历代官制与选拔制度
法治天下：历代法制与公正严明
古代税赋：历代赋税与劳役制度
三农史志：历代农业与土地制度
古代户籍：历代区划与户籍制度

信仰之光
儒学根源：儒学历史与文化内涵
文化主体：天人合一的思想内涵
处世之道：传统儒家的修行法宝
上善若水：道教历史与道教文化

梨园谱系
苏沪大戏：江苏上海戏曲与艺术
钱塘戏话：浙江戏曲种类与艺术
荆楚戏台：湖北戏曲种类与艺术
潇湘梨园：湖南戏曲种类与艺术
滇黔好戏：云南贵州戏曲与艺术
八桂梨园：广西戏曲种类与艺术
闽台戏苑：福建戏曲种类与艺术
粤琼戏话：广东戏曲种类与艺术
赣江好戏：江西戏曲种类与艺术

传统美德
君子之为：修身齐家治国平天下
刚健有为：自强不息与勇毅力行
仁爱孝悌：传统美德的集中体现
谦和好礼：为人处世的美好情操
诚信知报：质朴道德的重要表现
精忠报国：民族精神的巨大力量
克己奉公：强烈使命感和责任感
见利思义：崇高人格的光辉写照
勤俭廉政：民族的共同价值取向
笃实宽厚：宽厚品德的生活体现

历史长河
兵器阵法：历代军事与兵器阵法
战事演义：历代战争与著名战役
货币历程：历代货币与钱币形式
金融形态：历代金融与货币流通
交通巡礼：历代交通与水陆运输
商贸纵观：历代商业与市场经济
印纺工业：历代纺织与印染工艺
古老行业：三百六十行由来发展
养殖史话：古代畜牧与古代渔业
种植细说：古代栽培与古代园艺

强健之源
中国功夫：中华武术历史与文化
南拳北腿：武术种类与文化内涵
少林传奇：少林功夫历史与文化